SEM MEDO DE INVESTIR EM AÇÕES

Thiago Salomão e Renato Santiago

SEM MEDO DE INVESTIR EM AÇÕES

Um manual para multiplicar
seu dinheiro na Bolsa de Valores

PORTFOLIO
PENGUIN

Copyright © 2023 by Thiago Salomão e Renato Santiago

A Portfolio-Penguin é uma divisão da Editora Schwarcz s.a.

PORTFOLIO and the pictorial representation of the javelin thrower are trademarks of Penguin Group (usa) Inc. and are used under license. PENGUIN is a trademark of Penguin Books Limited and is used under license.

Grafia atualizada segundo o Acordo Ortográfico da Língua Portuguesa de 1990, que entrou em vigor no Brasil em 2009.

CAPA Eduardo Foresti/ Foresti Design
PREPARAÇÃO Dante Luiz
REVISÃO Carmen T. S. Costa e Ana Maria Barbosa

Dados Internacionais de Catalogação na Publicação (CIP)
(Câmara Brasileira do Livro, SP, Brasil)

Salomão, Thiago
Sem medo de investir em ações : Um manual para multiplicar seu dinheiro na Bolsa de Valores / Thiago Salomão, Renato Santiago. — 1ª ed. — São Paulo : Portfolio-Penguin, 2023.

ISBN 978-65-5424-022-2

1. Ações (Finanças) 2. Bolsa de Valores 3. Educação financeira 4. Finanças 5. Finanças pessoais 6. Investimentos I. Santiago, Renato. II. Título.

23-165211   CDD-332.63228

Índice para catálogo sistemático:
Bolsa de Valores : Ações : Investimentos : Finanças pessoais : Economia   332.63228

Tábata Alves da Silva – Bibliotecária – CRB-8/9253

Todos os direitos desta edição reservados à
EDITORA SCHWARCZ S.A.
Rua Bandeira Paulista, 702, cj. 32
04532-002 — São Paulo — SP
Telefone: (11) 3707-3500
www.portfolio-penguin.com.br
atendimentoaoleitor@portfoliopenguin.com.br

SUMÁRIO

Prefácio, por João Luiz Braga   7
Prólogo: Por que o mercado de ações é para você   13

1. Por onde começar?   25
2. Quanto pagar por uma ação?   39
3. Forme um portfólio invencível   55
4. Vale a pena o risco?   72
5. Cuidado com as armadilhas
   — o mercado é uma história bem contada   93
6. Quando recorrer aos fundos de ações   108
7. Investindo no exterior
   e em operações mais complexas   126

Conclusão: Educação financeira
como base para a construção de patrimônio   147

Agradecimentos   153
Notas   154

PREFÁCIO

MARTÍN ESCOBARI, gestor do fundo de private equity General Atlantic e sócio da XP Investimentos, uma vez disse: "No Brasil conseguimos ler o jornal de amanhã. Basta ver o que aconteceu nos Estados Unidos". Lembrei dessa frase em meados de 2015, quando fui convidado para ser sócio da XP. Naquele ano, a taxa básica de juros da economia (Selic) era de 14,25% — em uma subida contínua a partir da recessão de 2013. Mas naquela época também algumas empresas, como a Empiricus e a própria XP, começavam a coletar os frutos de um trabalho realizado havia alguns anos exclusivamente focado na parcela de pessoas físicas que se interessavam por investimentos no Brasil. Esse caminho não foi nada fácil.

No começo dos anos 2000, menos de 90 mil pessoas físicas estavam registradas para operar na Bolsa. Usando uma comparação um tanto maluca, o número era um terço do tamanho da população carcerária no país na época. Por muitos anos, foi extremamente difícil concorrer com os juros altos. A quem interessaria, afinal, aprender a analisar uma empresa se deixar o dinheiro parado em um fundo no banco de preferência já rendia o suficiente? Era difícil encontrar cursos sobre investimentos, os assessores de investimentos tentavam se articular em fóruns na internet (Guilherme Benchimol ganhou visibilidade em um deles), o número de analistas e gestores especialistas em Bolsa brasileira era pequeno e os fundos estabelecidos procuraram pessoas para formar do zero. Eu mesmo devo tudo o que sou e sei de mercado ao Fundo Verde, do gestor Luis Stuhlberger, onde trabalhei como analista por nove anos.

Pouco antes da crise de 2008, o cenário na Bolsa brasileira já era melhor. Muitas ofertas públicas iniciais estavam ocorrendo, os fundos iam bem, novas assets apareciam. A Bovespa, ainda somente Bovespa, criava produtos para atrair mais pessoas físicas, apostava em diversas campanhas de marketing até se fundir com a Bolsa de Mercadorias & Futuros (BM&F) para ganhar mais força. A despeito de toda essa movimentação no mercado, o número de investidores não passava de 500 mil. Com a crise, receios sobre investir em renda variável voltaram a ganhar força e espaço.

Dois anos depois, com a recuperação da Bolsa, a BM&F Bovespa chamou o rei Pelé para convocar os brasileiros à Bolsa. Mas a ideia da campanha, chamada de "Quer ser sócio?", foi melhor que a execução. Pelé, como a maioria absoluta dos brasileiros, não entendia dessa classe de ativos e assumiu, na coletiva com o presidente da Bolsa, que não investia em ações. Mas prometeu que ia aprender e investir, entende? Alguma coisa estava mudando.

Antes de aceitar a oferta da XP, estudei a história da empresa que capturou o investidor individual nos Estados Unidos: a Charles Schwab. Ficou claro que a popularização de investimentos aconteceria no Brasil. Estava difícil, mas iria ocorrer.

PREFÁCIO

Todos pensavam que o gatilho seriam juros menores, mas os 7,25% de 2012 ainda não moveram a agulha. O vento a favor na renda variável antes de 2013 também não. O que faltava para o *financial deepening* finalmente acontecer era a evolução da educação financeira no país.

Com o crescimento das plataformas de investimento, não era mais necessário ser um funcionário de banco para falar com clientes sobre o que fazer com seu dinheiro. Porém o contato direto de um assessor com um cliente não é muito escalável. Era importante massificar a mensagem, o assunto, e com isso as corretoras internalizaram veículos de imprensa. Como exemplos, a XP comprou o InfoMoney e o BTG Pactual comprou a *Exame*. O objetivo era explicar, de forma fácil, o que acontecia nas empresas e no mundo dos investimentos aos quais só se tinha acesso através do mercado institucional.

Em meados de 2015, um jornalista do InfoMoney passou a me convidar com frequência para tomar um café, conversar, entender o que estava acontecendo. Era o Thiago Salomão. Conversávamos sempre no café do décimo andar.

O Salomão era do tipo que aprendia rápido, fazia a pergunta certa e, o mais importante, era gente boa. Ficamos amigos de verdade — eu tinha prazer em conversar com ele, falar da minha realidade como gestor de renda variável para as suas matérias e ouvi-lo: receber os feedbacks das publicações, saber o que preocupava seu público, qual era o tema da vez ou falar de música, uma paixão compartilhada.

Um dia, o Salomão me contou que estava com a ideia de fazer um podcast para tentar algo que ninguém conseguiu: aproximar gestores das pessoas através de uma conversa leve, com linguagem simples. Lembro de achar a proposta boa, mas era um tanto cético. Afinal, a maioria dos gestores nem gostava de aparecer nas matérias dos jornais, imagina dar entrevistas

SEM MEDO DE INVESTIR EM AÇÕES

em áudio. Voltando a citar Escobari, o "jornal de amanhã" já indicava alguma coisa nessa linha no gigantesco mercado americano. Mesmo lá, contudo, o número de podcasts de mercado era ínfimo, tomando corpo apenas após a pandemia.

"Preciso de alguns gestores mais próximos para ancorar a ideia no começo, depois a gente vê se engrena", disse Salomão.

"O.k., claro, mas como seria o papo comigo?", perguntei.

"Com você pensei em fazer um programa sobre investimentos e rock 'n' roll, ao lado do Waltinho."

Golpe baixo! Além da minha paixão pela música, o tal Waltinho é o Walter Maciel, CEO da AZ Quest, um dos meus melhores amigos. Na época da grande crise, tínhamos uma banda juntos, os Subprimes. Topei, claro.

Na gravação do primeiro programa conheci o Renatão. Ele ainda usava umas meias diferentes, era mais tímido que o Salomão, mas não perdia a chance de fazer uma pergunta mais provocativa. Achei que a sinergia entre os dois era ótima. A gravação foi divertidíssima, e acho que o objetivo do programa foi alcançado: falar de investimentos como se estivéssemos em uma roda de amigos. A condução foi tão legal que já me coloquei à disposição para gravar outros, quantas vezes eles quisessem. E não fui o único.

A dificuldade em encontrar convidados para os primeiros programas acabou. Participar do Stock Pickers — e depois do Market Makers — passou a ser algo desejado entre os gestores. Passei até a reclamar que eu não era mais chamado, tal como um amigo ciumento, mas a verdade é que ficamos tão próximos que perdi a conta de quantas vezes participei, seja nos estúdios, em eventos, via Zoom com camisa do Goiás na comemoração do aniversário, em Recife, emendando um final de semana com as nossas famílias e até mesmo mostrando do zero como foi montar a Encore, nossa asset.

PREFÁCIO

A verdade é que o Salomão, Renatão, Matheuzinho e time conseguiram o que nem a campanha com o Pelé deu conta de fazer: popularizar o investimento em Bolsa. Transformar a complicada linguagem da Faria Lima e do Leblon em algo simples. Tirar os gestores de suas zonas de conforto e colocá-los para explicar seus acertos e, melhor ainda, seus erros. Até a minoria dos gestores que se consideravam quase deuses dos investimentos teve que descer de seus olimpos e responder às perguntas deles. O material é tão bom que a audiência não é só de pessoas físicas querendo aprender sobre investimento. Gestores profissionais também acompanham para saber o que seus pares estão pensando. Eu não perco um. E todo esse material está gravado e de fácil acesso para qualquer um. São anos de conhecimento e experiências em papos que, além de tudo, são divertidos.

O *financial deepening* começou junto com o podcast deles. Em 2019, o número de investidores voltou a crescer. Superou 1 milhão em 2020. Hoje são mais de 5 milhões. Não acho que seja coincidência.

Meu sonho era ter conhecido a Bolsa de Valores e o mercado tendo acesso ao trabalho dos autores deste livro.

João Luiz Braga, fundador da Encore Asset

PRÓLOGO

Por que o mercado de ações
é para você

SE VOCÊ VIVE NO PLANETA TERRA, dentro de um sistema chamado capitalismo, precisa guardar dinheiro para o futuro. Não só guardar dinheiro, mas fazer com que ele se multiplique, afinal você não quer trabalhar até morrer — e, mesmo que queira, talvez não consiga. Isso é o que chamamos de investimento. E estamos aqui para convencer você a não ignorar o mercado de ações ao investir.

As próximas páginas serão dedicadas a demonstrar que investir em ações não é apenas uma boa opção, mas praticamente uma necessidade para preservar e multiplicar seu dinheiro no longo prazo.

Não estamos sugerindo que você venda sua casa, seu carro e saque tudo que tiver no banco para alocar na Bolsa de Valores. Logo você vai entender por que isso seria temerário.

Comprar ações não é tão complexo quanto algumas pessoas ou situações podem fazer parecer. Para ingressar nesse universo não é preciso ter graduação em economia, MBA em finanças, nem chegar chegando com uma fortuna — com menos de cem reais você já consegue. O importante é a disciplina.

Investir em ações pode, sim, ser para qualquer pessoa, mas você precisa ter algumas premissas muito claras antes. Andar de bicicleta é simples, mas você só aprendeu depois que alguém ensinou. E, mesmo sabendo, você pode se machucar seriamente se for imprudente. O mesmo acontece com a Bolsa.

Além do básico sobre ações, vamos trazer também temas que não estão tão à vista do investidor — seja porque não querem que você saiba, seja porque acham que não vale a pena gastar tempo explicando. Como é feita essa salsicha chamada mercado de ações? Nós mostraremos.

Também esmiuçaremos os possíveis conflitos de interesses que as instituições vivem diariamente ao recomendar ativos para seus clientes. Mostraremos armadilhas recorrentes que estão camufladas por aí como histórias tentadoras e bem contadas na imprensa e redes sociais, mas que não encontram respaldo na vida real.

Se você ainda acredita que a Bolsa é um clube o qual não se sente confortável em frequentar, nosso objetivo é desmistificar essa ideia. "A Bolsa é cassino"; "Bolsa é só para rico"; "Bolsa é só para quem entende muito de finanças"; "para que investir na Bolsa se a poupança é mais segura?". Com certeza você já deve ter ouvido alguma dessas frases — quem sabe até falou alguma delas. E podem ter soado reais. É por isso que estamos aqui.

Os mitos sobre a Bolsa certamente afastam muita gente, mas o mercado financeiro também não ajuda, com sua linguagem singular e refratária. Palavras como "alavancagem", "Ebitda", "liquidez", "dividendos" ou "upside" não fazem sentido para quem está de fora ou quem acabou de chegar ao mercado. Além disso, todos os informativos, relatórios e conversas formais ou informais utilizam termos em inglês que só os entendedores entenderão. "Bull market" ou "bear market", "home broker", "circuit breaker" e siglas como "IPO" (lê-se "ai-pi-ou") são repetidas diariamente e à exaustão, sem legenda.

O inglês é tão comum que você vai se deparar com expressões estranhas, em que apenas as preposições foram traduzidas para o português. Fala-se "case de turnaround", "head de equities" e "business de real estate", entre outras, num anglicismo tropical que pode ser pouco efetivo em sua comunicação, mas é, de fato, a língua franca do mercado. Ou expressões que apenas são faladas em inglês, como o ROE (return on equity).

Não adianta combater a linguagem, e nem queremos fazer isso, mas sabemos da dificuldade que ela representa, especialmente para iniciantes. Portanto, em vez de traduções que não têm eco na realidade, neste livro utilizaremos a linguagem-padrão do mercado, mas explicaremos sempre que um termo aparecer pela primeira vez. Você não vai encontrar em nenhum balanço de empresa a sigla Lajida (lucro antes de juros, impostos, depreciação e amortização), mas sim o equivalente em inglês, Ebitda (earnings before interest, taxes, depreciation and amortization; pronuncia-se ebitida ou ebidá). A partir desta leitura, você será capaz de consumir qualquer outro conteúdo sobre investimentos, acompanhar conversas e questionar quem tem mais experiência.

Saia (correndo) da poupança

O número de investidores na Bolsa brasileira vem crescendo nos últimos anos. Mesmo assim, ainda é um número pequeno, se comparado ao dos Estados Unidos, por exemplo.

Número de contas e número de investidores

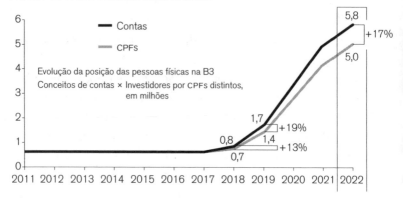

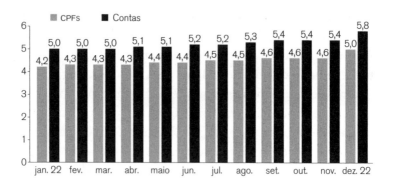

Em dezembro de 2022, apenas 5 milhões de brasileiros colocavam seu dinheiro em ações (2,4% da população).[1] No final de 2018, eram somente 700 mil.[2] Mesmo se contarmos que apenas 40% da população consegue investir, em qualquer modalidade, esse número é pífio. Nos Estados Unidos, por exemplo, cerca de 60% da população investe na Bolsa, o que representa cerca de 200 milhões de pessoas.[3]

O lugar preferido do brasileiro para deixar seu dinheiro ainda é a poupança, que no mesmo ano correspondia a qua-

R$ 1000 em investimentos desde 06/2012

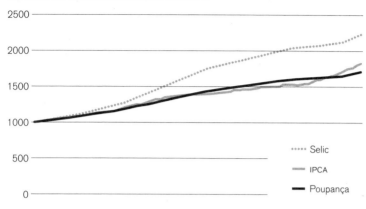

R$ 1000 em investimentos desde 06/2012

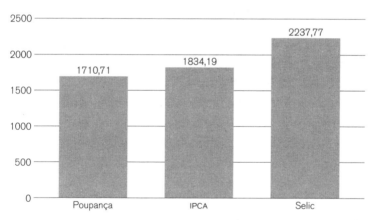

se 30% dos investimentos no país. Aqui temos que fazer um alerta vermelho, com o pisca ligado: a poupança está entre as piores opções para deixar seu dinheiro — talvez só seja melhor do que guardá-lo debaixo do colchão —, pois normalmente seu rendimento perde para a inflação e para a taxa básica de juros da economia, a Selic.* Ou seja, você não está só deixando de ganhar. Você está tendo prejuízo.

Esse comportamento é cultural. No passado, era comum pais abrirem uma poupança da Caixa Econômica para os filhos, e eles, por sua vez, faziam o mesmo quando cresciam. Só que os tempos mudaram: o que podia ser vantajoso antigamente hoje perdeu o valor de forma radical.

Investir em imóveis é outra prática comum entre os brasileiros, sustentada na crença de que se trata de um ativo sólido, um porto seguro onde fazer seu dinheiro render. Mas o mercado de imóveis também é muito mais arriscado do que sua fama faz parecer. A diferença é que não acompanhamos seu sobe e desce em tempo real, como acontece com as ações. Se você pudesse ver a variação do valor do imóvel na tela do seu computador, como ocorre no mercado de capitais, com suas oscilações diárias, talvez ficasse tão assustado e temeroso de colocar ali seu dinheiro quanto fica ao pensar na Bolsa. Mas não é isso que faz dos imóveis um mau investimento.

O maior problema de investir em imóvel está no trabalho que ele gera: a dor de cabeça de conseguir alugá-lo, problemas com inquilinos — tanto os inadimplentes quanto aqueles que depredam o seu bem —, taxas de condomínio, IPTU (que você tem de arcar quando o imóvel está vago), reforma, juros de financiamento (caso não tenha comprado à vista), falta de liquidez na hora de vender, entre outras complicações corriqueiras.

---

* Se a Selic estiver acima de 8,5% ao ano, o rendimento da poupança será de 0,5% ao mês mais a variação da taxa referencial (TR); se a Selic estiver igual ou abaixo de 8,5% ao ano, o rendimento da poupança será equivalente a 70% da Selic mais a variação da TR.

POR QUE O MERCADO DE AÇÕES É PARA VOCÊ

Mas se a Bolsa é mais vantajosa que os investimentos populares, por que é tão desprezada ou temida pela maioria das pessoas no nosso país?

Além dos mitos e da dificuldade de entender os jargões do mercado, uma característica comportamental que afasta os brasileiros das ações é o fato de, no geral, as pessoas terem perfil mais imediatista em relação aos benefícios que esperam como retorno. Mesmo em investimentos cujos resultados tendem a ser melhores no longo prazo, o brasileiro tende a querer o lucro no curto.

Em certa medida, este é um traço comum ao ser humano em qualquer lugar do mundo, mas parece mais forte em nosso país por conta da falta de conhecimento das pessoas sobre o conceito de se investir em uma ação. Na renda fixa (CDB,* LCI, LCA), você consegue estimar o rendimento que terá ao longo do período investido. Já a ação não rende em função do tempo, mas sim de acordo com a gestão e o fundamento da empresa e do valor que o mercado atribui ao seu desempenho futuro, além de fatores macroeconômicos.**

Além de tudo isso, a taxa básica de juros (Selic), historicamente alta, representa uma concorrência fortíssima para quem quer ver o seu dinheiro render na Bolsa.

Nossa ambição com este livro é ajudar a mudar essa realidade no Brasil, tornando o maior número possível de pessoas em investidoras de ações.

---

* Certificado de Depósito Bancário, que, na prática, significa que você está emprestando dinheiro para o banco com uma taxa pré ou pós-fixada.

** No caso do LCI e do LCA, vale ressaltar a questão do incentivo fiscal — esses investimentos são isentos do pagamento de imposto de renda.

Por que falar disso desse jeito?

O propósito de tornar o mercado de ações acessível para o público leigo foi o que uniu os autores deste livro. Nós nos conhecemos em 2017, em um MBA de finanças. O primeiro contato não foi muito, digamos, cordial (quando Salomão contou que adorava bandas de hardcore, Renato considerou o gosto um tanto juvenil, e este foi o tema central da conversa). Passamos a conviver em 2019, trabalhando juntos num site de finanças, e logo ficou claro que tínhamos objetivos comuns e jeitos complementares de nos comunicar com o público interessado em saber mais sobre a Bolsa.

Nossa complementaridade fica clara durante as conversas com especialistas do mercado que conduzimos juntos. Salomão sempre fez bem o papel do âncora, o apresentador que levanta a bola e joga a polêmica para o alto para os convidados debaterem — como nas tradicionais mesas-redondas de futebol, um modelo que inspirou o formato do nosso primeiro podcast. Já Renato é quem traz o olhar crítico — a sua formação em jornalismo, fora do mercado, lhe proporciona uma posição menos enviesada durante as conversas. É o comentarista chato, no bom sentido, como aquele nerd da sala que levanta a mão para discordar de assuntos que são quase unanimidades — e, com isso, traz um ponto de vista novo e fundamental para aprofundar a discussão.

Nós dois temos mais de dez anos de experiência cobrindo o mercado financeiro. Criamos em 2019 o podcast Stock Pickers, eleito em 2020 e 2021 o mais admirado do Brasil sobre finanças pelo portal Jornalistas & Companhia (e Salomão se tornou o jornalista de finanças mais admirado do país em 2021, na mesma pesquisa). Fizemos mais de duzentas entrevistas com os mais respeitados nomes do mercado brasileiro e internacional (até mesmo os mais reclusos). Em 2022, fundamos juntos a Market Makers, que mantém o propósito de desmistificar o mercado, com atrativos extras, como nossas carteiras compartilhadas com a audiência, colocando em prática o "Skin in the Game", de que falaremos logo no primeiro capítulo do livro.

A inspiração de nosso primeiro podcast no formato de mesa-redonda não foi aleatória. Além de nossa afinidade profissional, compartilhamos o gosto pelo futebol. Somos torcedores dos rivais Palmeiras (Salomão) e São Paulo (Renato), e o esporte bretão permeia nossas vidas. Para a gente, é como dizia o dramaturgo Nelson Rodrigues: "Das coisas menos importantes, o futebol é a mais importante".

Por isso, as lições que o esporte nos traz e as analogias entre futebol e mercado financeiro estão por toda parte neste livro.

O futebol é um dos esportes mais imprevisíveis, se não o mais imprevisível, que existe. No basquete ou no vôlei, a quantidade de pontos que precisa ser feita para vencer o jogo torna a partida mais meritocrática, premiando com a vitória o time mais bem treinado ou que tem os melhores jogadores. Já o futebol não é chamado de "uma caixinha de surpresas" à toa: apenas um único gol, por mais inusitado ou injusto que tenha sido, pode mudar a história de uma partida. Mas mesmo que um lance de sorte ajude a equipe a ganhar uma partida ou outra, ele não irá acompanhá-la por todo um campeonato e torná-la campeã. A longo prazo, ainda prevalece o time mais bem preparado e com os melhores jogadores.

No mercado de ações, às vezes você pode fazer um investimento bem-sucedido por um lampejo de sorte. E tudo bem, é ótimo ter sorte — citando mais uma vez Nelson Rodrigues, "com sorte você atravessa o mundo, sem sorte você não atravessa a rua". Mas, para ter sucesso de forma sustentável, você vai precisar de uma estratégia bem definida, conhecer a fundo os "jogadores" da sua carteira e saber qual é a melhor hora de se proteger ou de colocar o time pro ataque.

Os Dez Mandamentos do Investidor

Aprendemos muito desde que começamos a trabalhar com ações e a falar sobre o tema. Agora chegou o momento de compartilharmos alguns insights que absorvemos dos maiores especialistas do mercado de maneira mais estruturada. Afinal, se você é um jogador mediano, mas treina todo dia com o Ronaldo Fenômeno, vai aprender muito mais do que se treinasse com jogadores com desempenho e talento similares aos seus.

Em nossa trajetória, tivemos a oportunidade de estar em contato com diversos "Ronaldos", os gestores de sucesso no mercado, e absorver algo novo com cada um deles, dia após dia.

Transformamos alguns desses ensinamentos nos Dez Mandamentos do Investidor:

- O mercado não está nem aí para o preço que você comprou a ação. Você só tem controle sobre suas próprias decisões, e não sobre as oscilações do valor de um ativo.
- Estude muito a empresa em que você pretende investir, mas tenha em mente que, mesmo que faça isso por 2 mil horas, você nunca poderá ter certeza se a ação vai subir depois de comprá-la.
- Saiba quem são as pessoas por trás das empresas antes de comprar uma ação.
- Não tente acertar os dois lados da salsicha — só um grupo de pessoas consegue comprar uma ação exatamente na mínima e vender na máxima: os mentirosos.

POR QUE O MERCADO DE AÇÕES É PARA VOCÊ

- Leia e escute outras opiniões, principalmente as que forem diferentes das suas. Isso ajudará a fortalecer os seus argumentos (ou revelar onde eles têm falhas).
- Trate o seu dinheiro como se fosse seu funcionário; você precisa acompanhá-lo, ajudá-lo a se desenvolver, para que consiga se valorizar e trazer ganhos cada vez maiores.
- Day trade (compra e venda de um ativo no mesmo dia) não é investimento.
- Seja humilde. Você não precisa ter resposta para tudo — principalmente sobre os movimentos de curto prazo do mercado.
- Você só tem prejuízo quando vende a ação.
- Se você não precisa do dinheiro, não resgate em momentos de estresse do mercado. Se precisa, seu dinheiro não deveria estar em ações.

Todos esses mandamentos podem ser resumidos em um muito simples: comprar ação é analisar se uma empresa é boa ou não e se o preço está caro ou barato.

Vamos destrinchar cada um dos mandamentos ao longo deste livro. Em oito capítulos, explicaremos o funcionamento do mercado de ações; por que você deve entrar nesse mercado; como deve aprender a investir; alertaremos sobre os riscos e as armadilhas; e mostraremos como identificar uma boa ação e como montar um portfólio saudável. Também falaremos sobre fundos de ações e suas vantagens e desvantagens em relação a montar uma carteira sozinho e investimento em ações estrangeiras, até chegarmos a operações mais complexas, para quem já é iniciado no mercado, como a venda de ações a descoberto, que utiliza o mecanismo de aluguel de ativos.

Embora sejamos dois autores, falaremos em uma única voz (a não ser quando abrimos parênteses para comentar sobre um ou outro especificamente), e quando houver uma história ou opinião de apenas um de nós, deixaremos isso claro.

Nosso maior retorno será você chegar ao fim deste livro com a sensação de que valeu o investimento.

1
Por onde começar?

SE VOCÊ NÃO É UM GÊNIO DA TECNOLOGIA, não vai criar algo como o Google. Também é provável que, durante a sua vida, nunca compre máquinas e tecnologia para tirar petróleo da terra e não se torne dono de uma grande rede varejista nem de uma poderosa instituição financeira. A boa notícia é que, mesmo assim, você pode participar do lucro de todos esses negócios.

Ao comprar uma ação, você não está só adquirindo um código de letras e números cujo preço sobe e desce na sua tela. Você está investindo em uma empresa de verdade, gerida por pessoas que têm um propósito na sociedade e que visa ao lucro. Quando adquire um ativo da Apple, por exemplo (e aqui não estou falando de um iPhone novo, mas de uma ação da companhia na Bolsa de Valores), você participará do lucro de uma ideia genial que se materializou em inovações utilizadas por milhões de pessoas no mundo (essas inovações, sim, incluem o iPhone).

Claro que você pode tentar multiplicar o dinheiro que conseguiu poupar montando o próprio negócio ou abrindo uma franquia. No entanto, nem todos têm vocação ou disposição para empreender. Até mesmo os que têm podem não alcançar o sucesso. Se você colocar o mesmo dinheiro em ações de empresas já consolidadas, ou com expectativa de crescimento, muitas vezes tem o mesmo resultado que teria (ou até um resultado maior), sem a dor de cabeça e o risco de ter sua própria empresa. Além, óbvio, de conseguir comprar um ativo — ou uma pequena parte do negócio — com pouco dinheiro.

Por isso acreditamos firmemente que todo mundo deveria ter ações em uma carteira com horizonte de longo prazo. Partimos da premissa de que a Bolsa de Valores reúne as melhores empresas de um país (em desempenho, transparência de informações e solidez). Elas são obrigadas a abrir os seus números para todo o mercado a cada três meses, enquanto todos os concorrentes de capital fechado, se muito, só divulgam uma vez ao ano. Além disso, passam por rigorosos processos de auditoria, governança e transparência para ter direito a um capital a que as empresas fora da Bolsa não têm acesso.

Claro que há exceções. Erros de estratégia e de gestão, relatórios não tão fiéis à realidade e mudanças no cenário macroeconômico podem prejudicar essas empresas. Mas, geralmente, elas tendem a crescer e a se valorizar no longo prazo, levando seu patrimônio junto.

Ao contrário da franquia, em que você ainda precisará trabalhar muito para que o dinheiro investido renda frutos, na Bolsa o dinheiro é quem trabalha para você. Simples assim. É como se o dinheiro fosse seu funcionário. Você paga sua remuneração (o valor que você investe) e acompanha para que ele cresça e, consequentemente, gere mais dinheiro.

Acreditamos que investir, de maneira geral, e em ações em particular, é importante por uma questão prática: conforme o

POR ONDE COMEÇAR?

tempo vai passando, vamos trabalhar cada vez menos — seja porque perdemos o emprego, diminuímos o ritmo, por problemas de saúde, por não conseguirmos nos adaptar às mudanças rápidas do mercado, entre outras razões. A tendência é que, a partir de certa idade, a nossa renda fique menor e nossos custos sejam maiores (principalmente no que diz respeito à saúde).

Além disso, de acordo com o conceito econômico de escassez, em que aquilo que é mais raro tem maior valor, o tempo fica mais valioso enquanto passa. Aos vinte anos, ainda jovem e com muitos sonhos pela frente, o tempo é seu amigo. Com 45, você já gastou cerca de metade do período a que tem direito (com sorte). Por isso, quando ficar mais velho, é importante que você tenha liberdade financeira para aproveitar o tempo de maior valor da melhor maneira.

O primeiro passo para conseguir essa liberdade é guardar dinheiro. Para isso, é preciso partir de uma conta simples: ganhar mais do que gasta. Parte do valor guardado deve ser reservado para emergências e planos pontuais, com prazo definido, como trocar de carro ou uma viagem. Outra é para o futuro — e é essa a parte que você deve colocar em ações.

Investir apenas em renda fixa pode trazer a sensação de segurança, por você ter a garantia de saber quanto vai ganhar, por quanto tempo e quanto pode perder. Mas justamente por ser mais seguro, esse investimento diminui o retorno potencial, principalmente em prazos mais longos. É aí que entra o mercado de ações: para trazer retornos muito maiores do que a inflação no longo prazo. Tão simples quanto isso.

É importante que você saiba que o mercado de ações não só é bom para o investidor, mas também é uma ótima ferramenta para as empresas se desenvolverem. Ao abrir capital e colocar ações à venda na Bolsa, a empresa capta dinheiro para investir em seu negócio sem pagar os juros oferecidos pelos bancos, que geralmente não são nada convidativos. O investidor, ao comprar a ação e ajudar nesse desenvolvimento, colhe os frutos dos resultados que a empresa irá conseguir.

De maneira simplificada, quando uma petrolífera emite ações e usa o dinheiro para investimentos em novas perfurações, a ideia é que o petróleo achado nesses campos pague esse investimento e gere mais lucro para a empresa. Se você ajudar nesse processo, participará dos ganhos.

Claro que há riscos. Se a petrolífera não achar petróleo de boa qualidade depois de todo o investimento, vai amargar um prejuízo colossal (quem conhece a história das empresas do extinto Grupo EBX, do Eike Batista, sabe bem disso). Vamos falar deles mais para a frente, mas por enquanto pode confiar: o universo da renda variável abrirá muitas possibilidades para seus investimentos.

Para jogar, entre no jogo

Imagine que, em uma gincana, você ganhe um prêmio de quinhentos reais. O dono do jogo lhe dá duas opções. Na primeira, você tem 100% de chances de ganhar mais duzentos. Na segunda, tem 50% de chances de ganhar mais quatrocentos e 50% de chances de ficar com os quinhentos. É provável que você opte pela primeira opção: melhor ter setecentos reais na mão do que novecentos na imaginação.

Mas e se a situação fosse diferente? Você ganhou novecentos reais e pode escolher, em um novo sorteio, ter 100% de chances de perder duzentos, ou 50% de chances de perder quatrocentos e 50% de permanecer com os novecentos.

Quem traz essa alegoria é o economista comportamental e vencedor do Nobel Richard Thaler. No primeiro caso, ele revela que a maioria das pessoas, 72%, opta pelo cenário inicial, para garantir o ganho certo. Já no segundo, 64% preferem arriscar uma perda maior a se conformar com o prejuízo definitivo, mesmo que o resultado financeiro fosse igual ao primeiro caso. O que Thaler conclui desse experimento é: "As pessoas são avessas ao risco no que diz respeito aos ganhos, mas procuram o risco no que tem a ver com perdas".[1] Ou seja, se for para ganhar mais, somos conservadores e preferimos manter o que conquistamos. Por outro lado, se estamos em uma situação em que podemos perder dinheiro, tentamos de todas as formas encontrar a melhor solução possível para evitar que isso ocorra. Isso significa que a dor de uma perda certa é mais intensa do que a satisfação proporcionada por um ganho de tamanho equivalente. A dor que sentimos ao perder cem reais é maior do que a felicidade de ganhar o mesmo valor de forma inesperada.

Este é um dos motivos que explicam por que muitas pessoas, ao se aventurarem na Bolsa de Valores, acabam desistindo depois de pouco tempo. Na primeira volatilidade do mercado, se as ações caem, é comum o investidor vender os ativos e assumir o prejuízo, para evitar a dor de outra queda. Ao mesmo tempo, o movimento de ganho não traz satisfação suficiente para manter esse investimento.

Não é fácil evitar esses sentimentos, já que fazem parte da natureza humana. O melhor a fazer para amenizar esse desconforto é ter consciência dessa condição e tentar agir de forma racional, sempre lembrando — e mentalizando como um mantra — que o investimento é para o longo prazo.

Por isso, mais do que aprender como funciona esse tipo de investimento, agir racionalmente e sem se deixar levar pelas emoções talvez seja a parte mais importante e difícil de internalizar. Sobre isso, Morgan Housel, autor do best-seller *A psicologia financeira*, afirma:

O que importa para investir e poupar dinheiro é sua propensão de controlar a ganância e o medo, além da capacidade de olhar para o futuro. Quando as pessoas estão aprendendo sobre finanças e investimentos, querem saber quais são as fórmulas, mas o mais difícil de ensinar mesmo é o lado 'soft', comportamental, dos investimentos, mesmo para quem é inteligente.[2]

Mas como saber se você tem "estômago" para aguentar as oscilações do mercado financeiro? Se, ao ver seu dinheiro diminuir, você conseguirá manter a calma e ser racional e não assumir um prejuízo desnecessário?

Sabemos que a teoria funciona de um jeito e a prática de muitos outros. No momento em que vê o patrimônio temporariamente ruindo é que você percebe o quanto consegue suportar. Ou, como diz o clássico personagem Rocky Balboa, em conversa com seu filho no sexto filme da franquia: "Não importa o quanto você bate, mas sim o quanto aguenta apanhar e continuar. O quanto pode suportar e seguir em frente".* Por isso, só há um jeito de prever sua reação em meio a uma queda generalizada das ações: "Skin in the Game".

Cunhada por um dos mais influentes estudiosos do mercado financeiro, Nassim Taleb,** a expressão pode ser traduzida como "arriscar a própria pele" ou "dar a cara a tapa". Se no jargão financeiro ela se refere a investidores que fazem na prática o que pregam na teoria, nos apropriamos da expressão para dizer: comece a investir. Só sentindo na pele você saberá se aguenta o jogo. Existem simuladores ou ferramentas em

---

* Cena de *Rocky Balboa* (anteriormente *Rocky VI*), filme escrito, dirigido e protagonizado por Sylvester Stallone em 2006.

** Autor de best-sellers como *A lógica do Cisne Negro*, *Antifrágil* e *Skin in the Game*.

POR ONDE COMEÇAR?

que você pode usar "dinheiro de mentira" no mercado antes de colocar dinheiro real, mas isso é tão funcional quanto jogar pôquer apostando feijões: você não vai ter medo de apostar todas as suas "fichas/sementes" a cada rodada, mesmo que seu jogo esteja horrível.

Arriscar a própria pele é a única forma de entender como você reagirá aos movimentos de mercado, seja nas vitórias ou nas derrotas. Se perceber que, a qualquer oscilação para baixo, o impulso de tirar o dinheiro é incontrolável, talvez você esteja com mais dinheiro do que deveria nessa ação. Da mesma forma que se, ao ganhar muito dinheiro com uma ação, você sente vontade de colocar ainda mais dinheiro nela, é melhor analisar com calma pra ver se é uma atitude racional ou se é pura euforia. Se há uma certeza no mercado de ações é que as fortes oscilações virão em algum momento. Por isso, manter o equilíbrio emocional é fundamental, pois qualquer queda mais forte poderá transformar um entusiasmo em desespero.

Todo mundo que abrir uma conta em uma corretora vai passar por uma pesquisa que o auxiliará a definir seu perfil de investidor e o quanto está disposto a correr risco (a famosa pesquisa de suitability). Hoje, as instituições financeiras utilizam ferramentas como questionários e análise de histórico para saber se um investimento é adequado para determinado perfil. Essas pesquisas oferecem uma pista, mas a verdadeira informação poderá ser colhida com o estômago ao longo do tempo. Nesse sentido, não há um número exato para todo mundo. Há pessoas que se sentem confortáveis com 10% do dinheiro em renda variável, outras com 70% ou mais. Nós, que temos maior apetite a risco, temos pelo menos metade do nosso capital aplicado em renda variável (Renato tem quase 50% da carteira em renda variável, enquanto Salomão tem 95% da carteira distribuída em ações, fundos de ações e fun-

SEM MEDO DE INVESTIR EM AÇÕES

dos multimercados, o que não seria detectado em nenhuma pesquisa de suitability).

Florian Bartunek, um experiente gestor de fundos de ações e fundador da Constellation Asset, nos ensinou uma maneira simples e prática de descobrir qual é a parcela ideal que você aguenta ter em ações. É assim: imagine que você está se preparando para dormir ao final de um dia e, minutos antes de ir pra cama, fica sabendo de uma notícia tão negativa que deve fazer a sua carteira de ações cair 40% na manhã seguinte. Como você imagina que será sua reação? Se acha que sequer vai conseguir pregar os olhos e passará a noite em claro, é sinal de que tem muito mais ações do que deveria na sua carteira; por outro lado, se essa notícia não te causar nenhum impacto e você dormir como se nada tivesse acontecido, talvez você esteja "subalocado" em ações e poderia ter um pouquinho mais.

Sua posição em ações, portanto, não pode ser tão grande a ponto de tirar o seu sono, mas não precisa ser tão pequena de forma que uma queda de 40% da sua carteira sequer faça você franzir a testa.

Antes de continuarmos, precisamos deixar bem claro que este livro tem o intuito de formar investidores, não traders. São coisas bem distintas. Traders são aqueles que fazem operações na Bolsa em um curtíssimo espaço de tempo, buscando um lucro rápido. Esses "trades" podem ser abertos e encerrados no mesmo dia (day trade) ou durar alguns dias (swing trade). Nada contra quem vive a vida como trader. Apenas não consideramos a prática de day trade um investimento, pois, para se ter sucesso como trader, você precisa encarar essa atividade como uma profissão de fato. Afinal, você terá que acompanhar o mercado enquanto ele estiver aberto (nove horas por dia, considerando o mercado futuro), todos os dias da semana, para encontrar as melhores oportunidades. Além disso, você com-

POR ONDE COMEÇAR?

petirá não só com pessoas que podem ter mais ferramentas ou mais experiência do que você, mas também com robôs que fazem múltiplas operações muito mais rápido do que um ser humano. Por fim, estudos já mostram que o sucesso de um day trader é muito baixo. Um estudo realizado pela Fundação Getúlio Vargas em 2019 mostra que 97% das pessoas que fizeram day trade entre 2012 e 2017 perderam dinheiro.[3] Para nós, o investidor é o que troca dinheiro por um ativo, com foco no longo prazo. Portanto, se você enxerga a Bolsa apenas como um lugar para ganhar dinheiro rápido, comprando e vendendo ações no mesmo dia, pode fechar este livro agora. Ele não é para você.

Experiência gratificante

Imagine se você, quando criança, fosse colocado em uma sala, sozinho, com o doce de que mais gosta. Pode ser chocolate, sorvete, bala, cookies ou marshmallow. O adulto que lhe deu a guloseima sai da sala e avisa: se não comer aquele doce em até quinze minutos, você ganhará mais um. Se comer antes do tempo, não ganhará o segundo.

Esse experimento foi realizado em 1970 pelo psicólogo austro-norte-americano Walter Mischel, na Universidade de Stanford, nos Estados Unidos, com crianças de quatro a seis anos. Conhecido como "teste do marshmallow", a ideia era monitorar o autocontrole dos pequenos. Mas o estudo de Mischel foi além. Ele acompanhou as participantes do teste por quase duas décadas e descobriu que aquelas que agiram com autocontrole durante o experimento e não comeram o primeiro doce demonstraram ter mais autoestima em uma idade mais avançada, além de serem mais saudáveis. Elas também tiveram melhor desempenho na escola e no trabalho. Isso significa que o mesmo autocontrole que as beneficiou no teste provavelmente foi vantajoso no decorrer de suas vidas. Na hora de tomar decisões, essas pessoas conseguiam abrir mão de um prazer imediato para obter uma vantagem maior no futuro.

Na teoria da preferência temporal,* muito utilizada por especialistas da economia comportamental, as pessoas que poupam e investem são como as crianças que conseguiram resistir ao doce e visam a um futuro mais próspero. Elas têm a preferência temporal mais baixa que aqueles que apenas consomem e têm orientação voltada para o presente, que gastam quase de imediato praticamente tudo o que ganham e não conseguem poupar. A ideia é que você consiga se enquadrar ao máximo no primeiro grupo para ganhar dinheiro na Bolsa de Valores. Mesmo que precise se educar para isso.

Quando você decide investir em ações, é como esperar aquele marshmallow que está para vir, mas, ao contrário do experimento, você não sabe quanto tempo vai demorar para chegar. Você abre mão de comprar algo hoje, de usufruir de algum serviço, de fazer uma viagem, para apostar no futuro. Para que você não se precipite e coma o doce antes de o segundo chegar, é necessário que veja valor no processo e que ele lhe traga algum grau de satisfação. Se não, fica difícil manter o propósito sem desanimar.

Além de paciência, você precisará gastar algum tempo para gerir seus investimentos. Talvez seja esse o momento em que pense em desistir; afinal, tempo é algo que você não tem. Mas, antes de decidir deixar este livro no sebo mais próximo, propomos que reflita sobre dois pontos. Em primeiro lugar, como já

---

* Essa teoria foi desenvolvida inicialmente pelos economistas William Stanley Jevons e Eugen von Böhm-Bawerk, e depois aperfeiçoada por Knut Wicksell, Frank Albert Fetter, Irving Fisher e Ludwig von Mises.

POR ONDE COMEÇAR?

dissemos, você vive em um sistema capitalista, no qual poucas coisas são mais importantes que dinheiro. E mesmo as outras, a saúde, por exemplo, dependem dele de alguma maneira. Portanto, reservar um tempo para cuidar do seu é uma atitude inteligente e absolutamente necessária, gostando ou não.

Em segundo lugar, não é tanto tempo assim. Durante a sua semana você certamente gasta algumas horas escolhendo conteúdo na Netflix, uma refeição no Ifood, vendo stories no Instagram ou lendo mensagens desnecessárias em algum grupo do WhatsApp que você nem lembra mais por que faz parte. Um pedaço desse tempo já será suficiente.

Você precisará usar esse tempo em três frentes. Primeiro, estudar tudo o que puder sobre a empresa da qual pretende comprar a ação. Depois, ter noção do cenário macroeconômico do país, leia notícias sobre investimentos e se cerque com o máximo de informações relevantes para fazer escolhas conscientes. Não deixe essas decisões à própria sorte, ou para serem apenas guiadas pelas opiniões de outros, mesmo que sejam especialistas. É importante que você entenda por que está comprando determinado ativo naquele momento, por aquele preço. E a terceira frente é o tempo que será dedicado a analisar suas ações periodicamente. Isso pode se tornar uma tarefa divertida na medida em que passe a entender os mecanismos que regem a renda variável. Mas, no início, o motor é mais disciplina do que diversão.

As primeiras escolhas

O espanhol Fernando Alonso se sagrou bicampeão mundial de Fórmula 1 em 2005 e 2006 pela equipe Renault. Depois de terminar como vice-campeão em três campeonatos pela Ferrari, ele se transferiu para a McLaren em 2015, onde não viveu dias muito felizes. Em 2018, quando não conseguia mais figurar nem entre os dez primeiros colocados, reclamou publicamente do seu carro. "A cada corrida, o carro parece menos e menos competitivo. Está devagar demais."[4] Em 2022, em um movimento inesperado, Alonso deixou a Alpine para ingressar no lugar de Sebastian Vettel na Aston Martin. Foi em busca de condições mais promissoras para operar.

Para começar a operar ações e alcançar o potencial de valorização do seu dinheiro, você vai precisar de uma corretora, que é a plataforma que intermediará a compra e venda dos ativos. Esta é a primeira grande escolha que você precisará fazer — e não é tão banal quanto as próprias corretoras fazem parecer. Se mesmo um piloto talentoso de F1 precisa de um equipamento confiável para alcançar os resultados almejados, se mesmo um corredor precisa ter um tênis apropriado para bater seus recordes, operar por meio de uma corretora de qualidade também é essencial para um investidor.

Entre as características cruciais para essa escolha, é preciso saber se a corretora possui: 1) canais de atendimento ao cliente variados e que funcionem; 2) um layout de fácil navegação para que você consiga ver as informações de investimento de forma clara; e 3) uma plataforma segura, que não fique fora do ar constantemente ou atualize as informações com atraso. Também é bom verificar o preço de corretagem e as taxas, embora esses valores tenham sido nivelados entre as diversas corretoras nos últimos anos.

Pesquise na internet e pergunte a quem já investe quais foram as experiências (boas e ruins) que tiveram com cada corretora antes de tomar sua decisão. É comum casos de plataformas saírem do ar e deixarem os investidores à deriva, ou falta de suporte para realizar uma operação.

POR ONDE COMEÇAR?

Imagine que você gastou tempo analisando uma ação, estudou seus fundamentos em um domingo à tarde, definiu um preço-alvo para vendê-la e comprou o papel. Na hora em que esse preço aparece na tela, você clica em VENDER, já começa a calcular o lucro, mas recebe uma mensagem na tela "Ocorreu um erro. Sua operação não foi realizada". Quando tudo volta ao normal, o preço já não é o que você queria.

Irritante, para dizer o mínimo, mas acontece com certa frequência. É esse tipo de contratempo e prejuízo que uma corretora ruim pode causar.

Depois de escolhida a corretora, é hora de comprar os ativos. O ideal é começar com um investimento pequeno, para testar o quanto você aguenta a volatilidade do mercado. Um dinheiro que, se perdido, não permita que você passe a noite em claro. Sabemos que ninguém quer jogar dinheiro fora, mas coloque um valor que você não se importaria de abrir mão se o pior cenário se concretizasse. É o que chamamos de "verba de guerra" ou "custo de aprendizado". Começar dessa maneira é importante para não gerar uma resistência psicológica inicial ao investimento em ações. Se investir um valor que não está disposto a queimar de cara e, num primeiro momento, for exatamente isso o que acontecer (o mercado queimar o seu dinheiro), o mal-estar pode fazer com que você ache que a Bolsa não é para você. Mas pode ter sido apenas uma experiência inicial difícil.

Pense nessa "queima" de dinheiro como se fosse o investimento em um curso. Se você decidir usar trezentos reais por mês para desenvolver seu lado emocional e suas habilidades de escolher bons ativos, seria como pagar um desses cursos. Se não funcionar, você não perdeu tanto dinheiro assim. No entanto, se decidir investir 20 mil reais, já é como pagar um MBA, pois você terá mais possibilidades de investimento e testará seu estômago com possíveis quedas de valores mais significativos.

Focar no seu círculo de competência é uma maneira de diminuir o risco inicial, já que estará pisando em território conhecido. Se trabalha na indústria petrolífera, comece a olhar as empresas do setor. Se é médico, fique atento às empresas de saúde. Se é motorista de aplicativo, analise as locadoras de veículos. E se o seu setor não estiver representado na Bolsa? Escolha alguma empresa da qual você é cliente, como o banco em que você tem conta, o supermercado que você frequenta ou a loja onde compra suas roupas. Isso também pode ajudar a aguçar a sua visão de negócios, inclusive da empresa em que trabalha. Diversificar é importante, mas comece com um ponto de partida; vá aos poucos ganhando confiança nas próprias análises e se familiarizando com o papel de investidor. É como começar um jogo de videogame e ir avançando à medida que passa de fase.

O fato de investir em ações convida você a olhar para os ambientes que frequenta a partir de sua lógica financeira, buscando entender os modelos de negócio por trás dos empreendimentos, como uma empresa gera valor aos clientes, como se sustenta, de quais investimentos não pode abrir mão. Quando você começa a investir, é como se fosse picado por um mosquito, e então você começa a encarar tudo o que vê como oportunidade de negócio.

(Uma vez o Salomão, ao entrar em uma escola de caratê, percebeu que um negócio como aquele não precisava ter recepção — já que você entrava diretamente no tatame —, nem um espaço tão grande para a prática. A partir dali, já começou a fazer as contas de quanto gastaria de aluguel, funcionários, todo o investimento necessário e o retorno, baseado no número de alunos e na mensalidade.)

Exercitar esse olhar é importante para o momento de escolher a empresa da qual você comprará as primeiras ações.

2
Quanto pagar por uma ação?

EM 1969, O PAULISTANO ANTÔNIO LUIZ SEABRA tinha apenas um Fusca branco como patrimônio. Naquele mesmo ano, vendeu o carro para se tornar sócio, com 30% de participação, do laboratório de cosméticos onde trabalhava. Assim, começou a concretizar o sonho que nutria desde a adolescência: produzir e vender produtos de beleza para as pessoas usarem em casa, uma prática então incomum no Brasil.

Aquele empreendimento foi o embrião da Natura, que ao longo dos anos se tornou líder nacional no setor de produtos de beleza e cuidados pessoais, com capital aberto na Bolsa de Valores. No início, os produtos eram vendidos em uma lojinha na rua paulistana Oscar Freire, que se tornaria uma localização nobre para o varejo de roupas, calçados e acessórios, atraindo grandes marcas — na época pré-glamour, contudo, era apenas um bom ponto comercial.

Percebendo que o que fazia a diferença no dia a dia de seu negócio era o seu relacionamento direto com o cliente, Seabra resolveu apostar em um novo modelo: o sistema de venda direta, com vendedoras que reproduzissem o seu jeito de lidar com as pessoas. Assim surgiram as primeiras consultoras Natura. Se você nasceu até a primeira década dos anos 2000, deve se lembrar daquelas moças que andavam por aí com revistinhas cheias de imagens de produtos, tirando pedidos e, dias depois, entregando-os em mãos.

Avançando rapidamente na linha do tempo, em 2004, a Natura fez seu ipo.* Na abertura do pregão de estreia, as ações eram negociadas a 36,50 reais. Até o fechamento do mercado naquele dia, seu preço subiu mais de 12% — um belo resultado.[1] Em abril de 2012, o preço das ações alcançaram 124,30 reais, uma valorização de 260% desde o lançamento. Assim, a empresa optou fazer o primeiro desdobramento de seus ativos. No desdobramento, as companhias dividem o número de papéis disponíveis no mercado, tendo mais ações livres e, dessa forma, diminuindo seu preço e dando acesso a novos investidores. O investidor não tem prejuízo com esse processo. Se ele possui uma ação que vale cem reais, que é desdobrada em dez, passa a ter dez ações com o valor de dez reais.

Dezesseis anos depois, no dia 3 de janeiro de 2020, a companhia anunciou a conclusão da compra da norte-americana Avon (se você nunca teve contato com uma revendedora da Natura, certamente deve ter conhecido uma da Avon), com a aprovação dos reguladores do mercado. Dessa forma, a Natura se tornava a quarta maior empresa de cosméticos do mundo (já era dona da britânica Body Shop e da australiana Aesop). O anúncio da aquisição havia sido feito sete meses antes, em 22 de maio de 2019, quando as ações da empresa

---

* ipo é a sigla para "initial public offering", quando uma empresa decide vender parte de suas ações e colocá-las em negociação na Bolsa.

QUANTO PAGAR POR UMA AÇÃO?

subiram 9% e atingiram, até então, sua máxima histórica, chegando a 30,41 reais (depois de dois desdobramentos). E seguiram em ascensão. Mais dois anos, e a cotação dos papéis da companhia fechou em 60,62 reais, no dia 22 de julho de 2021.

É claro que essa ascensão das ações não foi linear. Nunca é. No meio do caminho a empresa enfrentou desafios, como durante as mudanças na diretoria executiva entre 2014 e 2016, quando sua participação no mercado de higiene e beleza brasileiro passou de 14,9% das vendas, em 2010, para 11,1% em 2016, o que segurava o preço das ações próximo aos dez reais.

Mas o histórico da Natura joga a seu favor. Ela internacionalizou sua marca nos últimos 25 anos, expandindo para a América do Sul, Europa e Estados Unidos. Pratica o ESG — conjunto de boas práticas nas áreas social, ambiental e de governança — muito antes de ser modinha. Por exemplo, já em 2007, lançou o Programa Carbono Neutro, com a meta de compensar 100% dos poluentes derivados da fabricação de seus produtos.

De 2007 a 2013, a empresa anunciou que reduziu em 33% as emissões de gases de efeito estufa. Parte da extração da matéria-prima dos seus produtos ocorre na Amazônia, e, desde os anos 2000, a Natura assumiu o compromisso de desenvolver alternativas econômicas sustentáveis e inclusivas na região. Seu modelo de gestão atraiu muitos investidores estrangeiros. Em 2009, quando fez seu primeiro follow on,* os investidores estrangeiros tiveram uma fatia de 58,64% na captação total, enquanto os brasileiros participaram com 41,36%.

Guilherme Leal, que se tornou sócio da Natura em 1979, uma vez falou sobre a resiliência da empresa: "Tivemos ca-

---

* Quando uma empresa que já tem capital aberto resolve vender mais ações além das que já estão em circulação, ela dá início a um processo chamado de follow on.

pacidade para enfrentar onze planos econômicos, inflação, Plano Collor, além das crises". E profetizou, lá em 2004: "O sucesso da oferta mostra que o mercado depositou confiança na empresa, no seu balanço livre de dívidas e no seu potencial de crescimento. [...] No curto prazo, o preço do papel pode até dar uma chacoalhada, mas no médio se mantém".[2]

Quem enxergou esses fundamentos e os movimentos de expansão e crescimento da Natura no início e no caminho de sua consolidação surfou na valorização das ações e multiplicou seus investimentos. Quem comprou mil reais em ações no IPO, em 2021, acumulou quase 45 mil reais, mesmo sem fazer qualquer aporte no meio do caminho. É esse o potencial de investir em uma empresa consistente na hora certa.

Se, por um lado, a Natura é um case de sucesso, por outro, os acontecimentos recentes mostram que ela também é a prova de que o investidor não pode jamais baixar a guarda e deixar de ser vigilante. Nos últimos anos a companhia se endividou, realizou aquisições e uma internacionalização que não saiu como previsto, e, de repente, uma empresa que era considerada um case de valor virou uma história de turnaround.

O momento, portanto, é um dos fatores que mais influenciam na compra ou venda de uma ação — e não sabemos qual é o momento no qual você lerá estas páginas.

Mas como se mede o momento?

O encontro entre o que uma companhia foi capaz de construir até aqui — incluindo promessas e potenciais — e como o contexto a influencia desembocam em um indicador objetivo: o preço. A quantia pela qual uma ação está sendo negociada e os parâmetros que a justificam carregam informações de como o mercado avalia a empresa e sua perspectiva de crescimento dali em diante. Por que o preço é maior, menor ou igual ao de anos atrás?

QUANTO PAGAR POR UMA AÇÃO?

A moral da história é: talvez, quando você se interessar por uma empresa próspera como a Natura, seus papéis já estejam caros demais.

Especular é legítimo

Quando você vai ao supermercado, provavelmente pesquisa o preço dos produtos que está querendo comprar, ou ao menos verifica se estão mais caros ou baratos do que na última vez em que esteve ali. Também compara com os similares que dividem as mesmas gôndolas. Com ações, vale o mesmo comportamento. O preço é um fator fundamental na hora de decidir se vai comprar ou vender o papel de uma empresa.

Seguindo a lei da oferta e da procura, quando há mais pessoas interessadas em comprar uma ação do que em vendê-la, a tendência é que seu preço suba — e vice-versa. Por isso, às vezes uma empresa que atrai muitos investidores se torna "cara" para o investidor. Esse fenômeno está relacionado a um dos elementos-chave da avaliação do mercado: a expectativa sobre o futuro da empresa.

Se muitos investidores apostam em uma organização que entrega resultados robustos no presente é porque enxergam em sua estratégia e gestão a perspectiva de que no futuro possa render frutos ainda melhores. O contrário também é verdadeiro. Às vezes, a ação de uma empresa sólida no presente não decola porque os investidores pressupõem que, independentemente do momento favorável e da solidez passada, há riscos relevantes para o futuro do negócio, no médio e no longo prazo.

O nome disso é especulação — uma palavra que ganhou estigma negativo por ser muitas vezes usada de forma pejorativa, como sinônimo de "chute". Mas, preconceitos à parte, ela é determinante para precificar uma ação no presente.

Em defesa do termo, que tem papel relevante no entendimento do mercado de capitais e é o alicerce do preço de uma ação, vamos fazer uma breve digressão para trazer à conversa alguns significados formais atribuídos à palavra especulação.

Para um dos grandes pensadores da economia no século xx, John Maynard Keynes, a especulação era a atividade de antecipar a psicologia do mercado e projetar o retorno de um investimento ao longo dos anos. A definição, que se tornou clássica, foi dada pelo economista húngaro Nicholas Kaldor, na década de 1930:

> A compra (ou venda) de mercadorias tendo em vista a revenda (ou recompra) a uma data posterior quando o motivo de tal ação é a antecipação de uma mudança nos preços em vigor, e não uma vantagem resultante de seu uso ou uma transformação ou transferência de um mercado para outro.[3]

De forma simplificada, ele diz que a especulação é a negociação de um ativo financeiro, uma commodity ou um imóvel, na expectativa de futura valorização ou de uma queda de seu preço.

No dicionário *Houaiss*, a palavra especulação se refere, por exemplo, a quem "visa obter lucros sobre valores sujeitos à oscilação do mercado". Outro significado: "estudo teórico, baseado predominantemente no raciocínio abstrato".

Uma síntese da abordagem que buscamos aqui é o que escreveu o ex-ministro da Fazenda Maílson da Nóbrega:

> O especulador é ator relevante para o funcionamento dos mercados. Sem ele, seria muito custoso transacionar ativos reais ou financeiros. Quem compra ações e outros ativos especula, no bom sentido. Você está comprando algo com a esperança de que vai subir.[4]

QUANTO PAGAR POR UMA AÇÃO?

É exatamente sobre isso que estamos falando.

O preço de mercado se forma baseado nessa esperança. Na especulação. Saber identificar se ele está alto ou baixo em certo momento, levando em conta o futuro, é o grande segredo para você ganhar dinheiro na Bolsa.

Aqui vale uma ressalva: especulação é diferente de manipulação. Enquanto o objetivo de especular é comprar ativos que devem se valorizar e vender ativos que podem perder valor, a manipulação é uma prática ilegal. Manipular é usar informações privilegiadas de forma irregular, para distorcer o mercado, tentando burlar as regras. Um investidor que solta um boato no mercado para ganhar com um investimento está manipulando seu preço para ter vantagem.

Investimento certeiro

Para especular com base em critérios claros, criamos uma tabela simples que mostra quando pode ser conveniente comprar uma ação ou não. Consideramos que empresas "boas" são aquelas com fundamentos sólidos, gestão eficiente e um negócio promissor; e preço "bom" é o que está barato em comparação a tudo o que a empresa entrega e ainda pode entregar:

- Empresa BOA + preço RUIM = investimento RUIM
- Empresa BOA + preço BOM = investimento BOM
- Empresa RUIM + preço RUIM = investimento RUIM
- Empresa RUIM + preço BOM = pode ser BOM ou RUIM

A segunda e a terceira fórmulas são óbvias: se uma empresa com fundamentos coerentes e sustentáveis está com preço descontado em relação ao seu histórico e aos concorrentes, em razão de algum fator externo, por exemplo, geralmente vale a pena comprar. Assim como você tem que passar longe de uma empresa com um futuro duvidoso e cujas ações ainda estejam caras.

Já o primeiro caso não é tão óbvio. Empresas tidas como boas tendem a ser mais caras na Bolsa, mas elas podem ficar ainda mais caras quando conseguem surpreender positivamente o mercado (um resultado acima do esperado, uma aquisição bombástica, por exemplo). Assim, suas ações podem subir em proporção muito maior do que a melhora de seus indicadores operacionais e financeiros. É até comum que empresas caras continuem subindo (a Weg é o melhor exemplo disso: uma das ações que mais se valorizou no Brasil sem nunca sequer ter ficado barata), mas isso não significa dizer que elas são bons investimentos, simplesmente pelo fato de a relação risco-retorno ser desfavorável para o investidor.

A ação da empresa com fundamentos convincentes e resultados acima da média pode se tornar um investimento ruim, pois fica sem margem de valorização. Uma vez que aparentemente não há mais como surpreender o mercado de forma positiva, considera-se que seu potencial já se realizou. Caso ela desacelere seu crescimento, é possível que o preço das ações, assim como subiu de forma abrupta, também caia de repente. Nesse raciocínio, não se pode acreditar que a inércia levará o papel eternamente para cima.

Foi o que aconteceu com a Magazine Luiza, que, depois de subir de 2016 até o início de 2021 impressionantes 35 000%, caiu 75% entre 2021 e começo de 2022. A empresa não perdeu seus fundamentos, mas estava valorizada demais — houve um otimismo exagerado que jogou a ação para cima e esse otimismo não se materializou no resultado. Ao mesmo tempo, seu preço sofreu um enorme ajuste quando as condições macroe-

QUANTO PAGAR POR UMA AÇÃO?

conômicas do país mudaram. É importante ter isto em mente: o preço também se ajusta devido a fatores externos. Sem eles, a queda da Magalu teria sido menor.

Agora vamos à combinação "empresa ruim + preço bom". Por que pode ser uma boa opção de compra? Partiremos de um exemplo para explicar. No começo da década de 2010, se você andasse pelas ruas das cidades brasileiras, de norte a sul, era comum ver pequenas lojinhas que vendiam as chamadas paletas mexicanas — um picolé polpudo, com alguns sabores recheados, que rapidamente caiu no gosto da população. Mas por pouco tempo. A empolgação passou, e logo essas lojas foram substituídas por novos modismos, como academias de crossfit e barbearias gourmet.

Se você abriu uma paleteria quando a moda ainda não tinha se espalhado pela cidade, talvez tenha ganhado um bom dinheiro durante alguns anos. Mas se investiu no negócio quando as pessoas já não se sentiam atraídas por essa novidade, provavelmente amargou um grande prejuízo. Por não ter consistência no longo prazo, a paleteria se revelou um negócio ruim. No entanto, o investimento no momento certo, às vezes, pode dar lucro por um tempo determinado.

Dentro da mesma equação, que busca oportunidades em companhias com fundamentos questionáveis, há pessoas que apostam no sentido contrário, em empresas que estão com sérios problemas financeiros. A ideia é lucrar com alguma melhora de sua condição ou com a esperança de que um dia possam dar resultados positivos. A estratégia pode funcionar.

A Eternit, companhia especializada em telhas para casas, foi um dos casos em que deu certo começar a investir durante uma crise. A companhia entrou com um pedido de recuperação judicial em 2018. Sua receita tinha origem no amianto, substância que foi proibida, em 2017, por questões de saúde pública.

A cotação das ações, que se sustentava acima do patamar dos vinte reais até 2014, chegou a 2,06 reais em junho de 2019.

A partir do plano de recuperação judicial, a Eternit abandonou algumas atividades menos competitivas nas quais tinha se aventurado, como a fabricação de caixas-d'água, louças e metais sanitários, para se concentrar no negócio de cobertura, operacionalmente mais rentável.

Com a quitação das dívidas trabalhistas e com micro e pequenas empresas, e uma receita líquida positiva em 2020 e 2021, em meio à pandemia, a Eternit mostrou que podia ter uma segunda chance. Quem percebeu e acompanhou esse movimento da empresa, acreditando que ela estava no caminho certo e poderia viver dias melhores, mesmo tendo seus fundamentos abalados, se deu bem.

Em 2020, a valorização de suas ações foi superior a 200% (saindo de 3,61 reais para 11,40), enquanto, ao longo do ano seguinte, as ações subiram mais de 75% (chegando a um pico de 33,83 reais em maio, mas fechando o ano em 20,49).

Sobre solidez

Para quem investe pensando no longo prazo, é muito importante atentar para a solidez das empresas. Uma lição valiosa sobre isso veio na Carta aos Investidores da Guepardo Investimentos do quarto trimestre de 2021.

No início da pandemia do novo coronavírus, em 2020, as ações das empresas norte-americanas Zoom Video Communications, uma das maiores plataformas de videoconferência do mundo, e da Hilton Worldwide Holdings Inc., conglomerado de hotéis de luxo com cerca de 5 mil unidades em mais de cem países, seguiram caminhos totalmente opostos.

Até outubro daquele ano, com o distanciamento social e empresas buscando se comunicar por vídeo, as ações da Zoom subiram 447%, enquanto as da Hilton caíram 22% — afinal, ninguém estava viajando nem se hospedando nos seus hotéis. O gráfico abaixo mostra bem os rumos que tomaram as duas ações.

FONTE: Bloomberg.

Mas aí vem o plot twist. Acompanhando o desempenho de ambas as ações por mais doze meses, as da Hilton renderam 34,8% contra apenas 12,8% da Zoom. Ou seja, em determinado momento, o mercado definiu que a Zoom era a grande vencedora naquele cenário, mas após um ano, com o início da

FONTE: Bloomberg.

retomada social, o jogo virou. Sua ação desvalorizou 80% em relação ao pico (quem comprou mil reais em papéis da empresa naquele momento ficou com apenas duzentos reais).

Isso aconteceu porque o mercado às vezes transforma expectativas de curto prazo em projeções para os resultados de anos e décadas à frente, o que não necessariamente faz sentido. Naquele momento e sob uma circunstância inusitada, a ferramenta da Zoom havia passado a ser a mais importante do mundo corporativo, mas, alguns meses depois e olhando para o longo prazo, a tendência seria diminuir seu uso, com a volta dos encontros presenciais. O novo normal não se sustentou por muito tempo.

QUANTO PAGAR POR UMA AÇÃO?

Dessa forma, bolhas se inflam e murcham quando investidores desavisados resolvem embarcar na onda. "Na outra ponta, existem empresas que estão passando por momentos mais desafiadores, seja setorialmente ou por algum problema pontual, e o mercado a condena de hoje até a perpetuidade como uma péssima companhia", afirma o relatório da Guepardo.

Há um clichê no mercado, atribuído a Benjamin Graham, pai da teoria do value investing* e mentor do investidor bilionário Warren Buffett, que diz: "Preço é o que você paga, valor é o que você leva". Nesse caso, ficou claro que o preço da Zoom, em certo momento, não refletia os fundamentos da empresa — o que foi ajustado quando as regras do distanciamento social começaram a ser afrouxadas e as chamadas por vídeo deixaram de ser essenciais. Ao mesmo tempo, o preço das ações da Hilton também não refletia o que a empresa poderia gerar em lucros e se normalizou quando as pessoas voltaram a viajar e a se hospedar em seus hotéis.

Por isso, somos adeptos da análise fundamentalista e do investimento de longo prazo. Isso significa olhar o valor de mercado da empresa, os fundamentos que guiam sua gestão, cultura e crescimento, e considerar como será o desenvolvimento do setor e dos países onde mantém seus negócios. Na maioria dos casos, isso inclui ignorar as variações de preço no curto prazo. Às vezes, uma queda momentânea tem relação com uma fala isolada do presidente do Banco Central dos Estados Unidos naquela semana, por exemplo. Se os princípios e o posicionamento da empresa seguem sólidos e não são impactados por essa fala, é uma hora apropriada para comprar.

---

* Estratégia de investimentos que consiste em comprar ações cujo preço está abaixo do que a empresa poderia valer.

Diante de situações efêmeras, a análise técnica (ou gráfica) — que consiste em um estudo baseado puramente nas variações de preços das ações em determinado intervalo de tempo — pode auxiliar a análise fundamentalista. Com uma fotografia do comportamento de uma ação, o analista técnico tenta deduzir o preço futuro de um papel baseando-se no comportamento do preço passado.

Para nós, a análise técnica não deve fundamentar sua decisão, pois nunca será determinante para comprar ou não um ativo. Ela pode, sim, ajudar a escolher *quando* comprá-lo, mas não somos adeptos nem entusiastas desse tipo de análise na hora de escolher nossas ações.

Para apoiar a análise fundamentalista, há também um cálculo simples, que pode ser útil na hora de decidir comprar ou não uma ação.

Análise por múltiplos

Uma das maneiras de descobrir se uma ação está cara ou barata é pela análise de múltiplo. Não é a ferramenta mais precisa, mas é a mais fácil, prática e pode ajudar a entender o cenário em algumas situações. Talvez você nunca tenha ouvido falar nesse tipo de análise, mas, se já pesquisou preço de imóveis para comprar ou alugar, certamente já fez análise de múltiplos — mesmo sem saber. Nesses casos, ela é utilizada dividindo o preço de venda ou o aluguel do imóvel pelo metro quadrado.

Se um imóvel de cinquenta metros quadrados custa 500 mil reais, dizemos que o metro quadrado do apartamento custa 10 mil reais ou que o imóvel vale 10 mil por metro quadrado. O resultado pode ser comparado à média na mesma região para avaliar se a oferta está cara ou barata.

QUANTO PAGAR POR UMA AÇÃO?

Com as empresas funciona da mesma forma. Os múltiplos são calculados dividindo o valor de mercado da empresa por uma série de seus indicadores financeiros, como lucro líquido, receitas, fluxo de caixa ou valor patrimonial.* Feito isso, você pode comparar o resultado com o de outras empresas, para avaliar se a ação está cara ou barata.

Uma ressalva é não comparar maçã com laranja, como aprendemos no ensino fundamental. A comparação deve se dar entre empresas semelhantes. Um grande banco e uma fintech, embora sejam do mesmo setor, não podem ser equiparados, porque seus fundamentos, modelos de gestão, metas de crescimento e até mercados são muito diferentes. Enquanto o bancão quer multiplicar seu lucro, a fintech pode estar mais preocupada em expandir o número de clientes.

Lojas Renner e C&A são comparáveis — duas varejistas de vestuário estabelecidas no setor e conhecidas do público brasileiro. Então talvez você esteja na dúvida entre comprar ações de uma ou outra. A Lojas Renner é gigante e tem filiais em diversos países da América do Sul. Se você fosse levar em conta apenas métricas financeiras, a vantagem seria claramente da Renner. Mas a análise de múltiplo pode ajudar a enxergar além. Se o múltiplo da C&A estiver muito menor, talvez sua ação esteja barata e tenha mais espaço para crescer.

Em tese, pelo múltiplo, você consegue calcular quantos anos demoraria para a empresa devolver para o acionista, sob a forma de lucro, o investimento que ele fez. Se você pagou pela ação 25 reais, e a empresa tem um lucro de cinco reais por papel por ano, teoricamente, você demoraria cinco anos para

---

* Há apenas uma diferença de linguagem com a qual é importante se acostumar: no caso das ações, em vez de dizer que seu preço é de X reais por lucro, seguindo a lógica dos imóveis, dizemos que seu múltiplo preço/lucro é X.

reaver o investimento. Na prática, as oscilações no cenário macroeconômico, a movimentação da concorrência, as decisões da gestão e outros fatores inesperados (como uma pandemia ou uma guerra) podem mudar esses números, para cima ou para baixo. Um aumento substancial da taxa básica de juros, por exemplo, prejudica demais as varejistas, tornando mais distante o retorno do investimento ao acionista.

Quanto mais segura for a empresa, a tendência é que maior será seu múltiplo. É esperado pagar dez vezes pelo lucro da Renner (porque você tem mais chance de recuperar esse investimento no longo prazo) e duas vezes o da C&A (em uma empresa menor, os fatores de risco aumentam). Seguindo o raciocínio da escolha do imóvel, você dificilmente encontrará um metro quadrado barato na região dos Jardins em São Paulo, por ser um bairro de classe alta, com ótima infraestrutura e muito valorizado. A vantagem é ser um investimento quase certeiro. No entanto, se você quer comprar um imóvel que se valorize mais rápido, talvez seja melhor escolher em uma região mais afastada do centro, que acredite ter potencial de crescimento, por um preço mais barato. Mas é uma aposta e há, portanto, o risco de aquela região nunca se valorizar.

Há diversos sites gratuitos onde você pode fazer a análise de múltiplo, que o ajudará a escolher uma ação apropriada para o momento. Mas como diz o ditado popular, "um papel só não faz verão". A vantagem da análise de múltiplo é também sua desvantagem: ela é simples de fazer, mas é simplista. Não é porque algo está barato que deve ser comprado. É necessário um time forte, coeso, para se conseguir resultados empolgantes. É aí que entra a estratégia de um portfólio robusto.

3
Forme um portfólio invencível

ENTRE OS ANOS 2000 E 2006, o Real Madrid, clube de futebol mais valioso do mundo, investiu pesado para montar um time imbatível.[1] Ao contratar os craques Luís Figo, Zinédine Zidane, Ronaldo Fenômeno e David Beckham, desembolsou 216 milhões de euros.[2] A equipe ainda contava com o atacante Raúl (na época, maior artilheiro da história do clube)* e o lateral da seleção brasileira Roberto Carlos. Estavam reunidos, em uma só equipe, três jogadores que tinham conquistado o prêmio de melhor do mundo da Fifa,** o que era inédito e nunca mais se repetiu. Esse elenco estrelado ganhou o justo apelido de "Galácticos".

Com tamanho investimento e um elenco desse porte, o time se tornou praticamente invencível, certo? Errado. Nesse

---

*   Foi ultrapassado posteriormente por Cristiano Ronaldo e Karim Benzema.

** Figo foi eleito melhor do mundo da Fifa em 2001; Ronaldo em 1996, 1997 e 2002; e Zidane em 1998, 2000 e 2003.

período, o Real Madrid conseguiu apenas um título da Champions League (2001-2), uma Supercopa da Uefa (2002) e um Mundial (2002).

Os vexames foram bem maiores do que as conquistas. A equipe perdeu jogos e títulos para adversários com investimentos bem menores. Na temporada 2003-4, com todos os reforços à disposição, ficou apenas em terceiro lugar na Liga Espanhola (atrás do Deportivo La Coruña e do Barcelona), na Champions League foi eliminado nas quartas de final para o Mônaco, enquanto na Copa do Rei foi derrotado em casa, de virada, pelo inexpressivo Real Zaragoza.

Um dos jogos icônicos que marcaram o fracasso desse investimento aconteceu em 19 de novembro de 2005, no estádio Santiago Bernabéu, a casa do Real Madrid. A partida era contra o Barcelona, seu principal adversário. No lugar de assistir ao show dos seus craques, que aproximaria o time da capital espanhola do título nacional daquele ano, a torcida madridista aplaudiu de pé o rival Ronaldinho Gaúcho, que marcou dois gols na impecável vitória por três a zero dos catalães, que ficaram com a taça daquela temporada. Estava evidente: a estratégia de montagem do time tinha que ser repensada.

O que a experiência dos Galácticos nos mostrou é que formar um bom time não significa simplesmente reunir os melhores. É preciso planejar uma equipe que funcione na parte defensiva, de criação e de finalização, de forma harmoniosa, e que se adapte a cada cenário adverso.

Para montar um portfólio de ações, o raciocínio deve ser o mesmo. Não basta escolher as melhores empresas do mercado e comprar suas ações apenas pelo nome, pelo seu passado de sucesso e por sua representatividade no setor em que atuam. Você deve utilizar critérios objetivos: fazendo a análise fundamentalista de cada ação e de seu preço no momento da compra

FORME UM PORTFÓLIO INVENCÍVEL

e avaliar quem são as pessoas que conduzem a empresa. Além disso, é importante saber a função de cada ação dentro do seu portfólio em determinado cenário — se é um ativo que sofre mais ou menos em situações de crise, se tem um bom potencial de valorização, entre outras características.

Para montar sua equipe, você deverá acumular as posições de dirigente e técnico. Além de fazer boas "contratações", terá que aprender a mexer no time de acordo com dois cenários: o interno, das empresas, e o externo, do setor em que atuam, da macroeconomia e da geopolítica mundial. O único papel que você não deve ocupar é o de torcedor. Diferentemente da torcida nos estádios, nesse caso seu apoio moral não faz a menor diferença no desempenho da companhia.

O técnico Telê Santana, bicampeão da Copa Libertadores e do Mundial de Clubes pelo São Paulo, era mestre em montar times de acordo com o contexto. Na Libertadores de 1992, em confrontos fora de casa, quando a situação estava desfavorável e seu time sofrendo pressão, ele não tinha vergonha de colocar cinco defensores.* Quando percebia que podia atacar com segurança, ousava.

Como técnico da sua carteira de ações, vale seguir o mestre Telê e analisar se seu time está equilibrado para aquele contexto. Quando a situação está mais crítica, talvez valha a pena reforçar a defesa; quando está mais favorável, vale apostar no ataque. E, sempre que necessário ou diante de uma boa oportunidade, coloque o chapéu de dirigente e traga novas ações para reforçar a equipe.

---

* Chegou a colocar em campo, ao mesmo tempo, Antônio Carlos, Ronaldo, Ivan Rocha, Pintado e Adílson, todos zagueiros de origem, que tinham a marcação como principal característica.

Diversificação

Para montar seu time vencedor de ações, a primeira providência é diversificar. Isso não significa apenas comprar ações de empresas diferentes. Para seguir o chavão do mercado de não colocar todos os ovos numa mesma cesta, você deve, além de escolher papéis diferentes, também comprar ações de companhias de setores diversos (elétrico, indústria, frigoríficos, varejo, petrolíferas, de tecnologia...) e de tamanhos distintos (gigantes e consolidadas, empresas médias que estão crescendo e menores e promissoras).

Ter na carteira as ações de dez empresas que atuam no setor de petróleo, por exemplo, não é uma boa ideia, mesmo que todas sejam muito boas. Se houver uma crise no setor, e o preço dessa commodity cair de forma drástica, todas as suas ações serão afetadas. E isso já aconteceu. No auge da pandemia, o preço do barril do petróleo cru americano chegou a ser negativo. Ou seja, os vendedores estavam dispostos a pagar 37,63 dólares para os clientes que ajudassem a aliviar seus estoques.

No dia 18 de março de 2020, as ações da Petrobras caíram para 7,57 reais, uma redução de mais de 60% em relação a janeiro do mesmo ano. No mesmo dia, a ação de outra petroleira, a PetroRio, caiu para 1,98 real — valia 9,28 reais um mês antes. Nesse caso, embora a pandemia não tenha cessado totalmente, com a volta da atividade econômica e, posteriormente, em 24 de fevereiro de 2022, com a invasão da Rússia à Ucrânia, o preço do barril disparou e se aproximou de 140 dólares, fazendo as ações das petrolíferas se valorizarem. Mas se uma crise dessa se mostrar duradoura ou até permanente, você pode ter, mesmo no longo prazo, um grande prejuízo ao apostar em apenas um setor.

A diversificação é importante também para aguentar os momentos de oscilação. Mesmo que você saiba que esse é um investimento para longo prazo, sentir solavancos mais suaves durante o caminho pode lhe ajudar a não pensar em desistir (lembrando que nosso conselho é que não desista mesmo que a carteira chacoalhe e caia bastante momentaneamente).

A diversificação também serve para você definir seu "esquema tático", os estilos das empresas das quais se tornará sócio — defensivas, moderadas e agressivas — e que proporções elas vão ocupar na sua carteira.

Defesa sólida

Para montar uma boa linha defensiva, são preferíveis as ações que não apresentem muita volatilidade em seu histórico (quando o gráfico da linha do tempo do seu preço se parece mais com uma rampa do que com vales e montanhas), como o da empresa de distribuição de energia elétrica Taesa, entre 2015 e 2020:

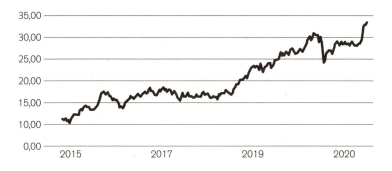

SEM MEDO DE INVESTIR EM AÇÕES

Elas podem não se valorizar tanto ao longo do tempo, mas normalmente pagam bons dividendos (parte do lucro que volta aos acionistas).

Antes de comprar ações dessas companhias, é sempre bom olhar os números (lucro, receita, dívida) e se o negócio delas está ameaçado — como por uma demanda menor pelo produto por uma mudança comportamental ou cultural do consumidor ou simplesmente pelo aparecimento de um concorrente de peso, por exemplo.

Se a receita da companhia cresceu em média 20% ao ano todos os anos, veja se o lucro cresceu na mesma proporção. Se a resposta for positiva, o crescimento segue sustentável, pois é isso que garantirá que a empresa mantenha suas margens saudáveis.

As empresas de valor costumam pagar bons dividendos porque reinvestem uma pequena parcela no desenvolvimento do negócio — afinal, elas já são grandes e sabem que será difícil dar grandes saltos de crescimento. Assim, sobra mais dinheiro para os acionistas.

Para multiplicar o lucro, você pode reinvestir os dividendos na própria empresa e deixar os juros compostos trabalharem ao longo do tempo. Os juros de rendimento da empresa incidirão sobre o valor da aplicação mais a valorização do ativo e os dividendos, fazendo seu dinheiro crescer de forma exponencial.

Para ficar mais claro: o investidor que adquiriu cem reais em ações da Ambev, em 1995, e durante 22 anos nunca mais aportou valor algum e apenas reinvestiu todos os dividendos, acumulou cerca de 22 mil reais. O capital se multiplicou 220 vezes. Já o investidor que não reaplicou os proventos também obteve um retorno expressivo, mas muito menor, tendo multiplicado o capital cerca de 97 vezes.

As ações defensivas protegem sua equipe nos momentos de maior estresse do mercado. Um estudo realizado pela Uni-

FORME UM PORTFÓLIO INVENCÍVEL

versidade Federal do Rio Grande do Sul analisou as empresas brasileiras que pagaram bons dividendos durante a crise de 2008* nos Estados Unidos, que derrubou as Bolsas do mundo todo.[3] A pesquisa concluiu que 53,85% das empresas que pagavam os valores mais altos em dividendos naquele ano tiveram o melhor desempenho durante a crise. Mais de 70% delas eram do setor de energia elétrica, pois são negócios que, mesmo em tempos de crises, continuam tendo demanda. Por outro lado, 53,84% das que pagavam o pior dividendo também foram as que tiveram pior desempenho durante a crise. Desse número, 28,57% são empresas de construção civil, um setor que costuma sofrer em cenários conturbados.

Só um alerta: quase todas as empresas defensivas pagam bons dividendos, mas nem toda aquela que paga bons dividendos é defensiva.

Até 2018, a empresa de programa de fidelidade Smiles entregava ótimos dividendos aos acionistas, mas estava longe de ser defensiva. Ela não tinha a previsibilidade ou a solidez de que esse tipo de empresa precisa. Quando a companhia mudou sua política de bonificação e informou que pretendia distribuir somente 25% do seu lucro líquido em dividendos em 2019 (que é a parcela mínima do lucro que todas as empresas listadas na B3 têm, necessariamente, que dividir com os acionistas), suas ações despencaram cerca de 13%. Até então, a Smiles distribuía praticamente todo o seu lucro em dividendos.

Em 2020, as ações da Smiles sofreram desvalorização de 71,2% e não se recuperaram mais, até a empresa ser incor-

---

* A crise de 2008 começou em razão da bolha dos derivativos nos Estados Unidos e teve como consequência a quebra do Lehman Brothers, um dos mais tradicionais bancos americanos, além de derrubar Bolsas de Valores no mundo inteiro.

porada às ações da companhia aérea Gol, em 2021. Se ela fizesse parte de sua defesa, certamente seu time levaria muitas goleadas. A mineradora Vale é outro exemplo. Apesar de sempre pagar proventos polpudos, o preço da ação depende da variação da cotação internacional do minério de ferro para se valorizar. Uma crise com o preço dessa commodity, que depende da demanda internacional e é imprevisível, tira a companhia desse patamar de ação defensiva.

Por isso, para escolher companhias defensivas, não basta observar o histórico do dividend yield — índice que mede a porcentagem de dividendos pagos por determinada empresa, em certo período, em relação ao preço de suas ações. Se uma ação vale cem reais e paga dividendos anuais de dois reais, seu dividend yield anual é de 2%.

Apesar de ser um indicador relevante, que deve ser levado em conta na hora de montar sua defesa, é preciso observar se esse dividend yield vai ser sustentável. A Smiles, por exemplo, tinha uma dívida de 300 milhões de dólares em 2015, muito alta para o tamanho da organização. Portanto, se você olhou apenas para o seu dividend yield, que chegava a 16%, pode ter se iludido.

Segurança das elétricas

A seleção paraguaia de futebol é famosa por sempre montar linhas defensivas robustas, que em alguns momentos da história foram quase intransponíveis. Nas oitavas de final da Copa de 1998, os paraguaios seguraram os franceses, donos da casa que seriam campeões do torneio, por noventa minutos, sem tomar gol. Foram vencidos apenas na prorrogação. No Brasil,

FORME UM PORTFÓLIO INVENCÍVEL

os grandes clubes passaram a contratar diversos defensores do país vizinho, que se tornaram destaques na posição.*

Por isso, podemos dizer que as empresas do setor elétrico são o Paraguai das ações. E, dentre elas, queremos destacar principalmente as transmissoras de energia. Esse tipo de empresa tem a responsabilidade de transportar a energia produzida pelas geradoras e levar aos grandes consumidores, como polos industriais, ou, como é mais comum, às distribuidoras.

Empresas como a Taesa ou a Cteep (Transmissão Paulista) atuam nesse segmento. A operação de uma linha de transmissão se dá por meio de uma concessão da Agência Nacional de Energia Elétrica (Aneel) — só assim a empresa pode construir as linhas de transmissão e cobrar pela realização do serviço.

Os milhares de quilômetros em linhas de transmissão garantem uma receita previsível, e isso acontece pelo fato de ela firmar contratos com o governo atrelados à disponibilidade das suas instalações, e não à energia transmitida. Isso faz com que, mesmo que haja queda na demanda por energia, a receita dessas companhias permaneça estável, sem oscilações relevantes.

Para torná-las defensoras ainda mais atraentes, quase 70% da receita de empresas do setor elétrico vem de contratos de concessão de longo prazo, corrigidos pelo IGP-M. Com dívidas baixas, pouco investimento, normalmente as companhias garantem o pagamento de bons dividendos aos acionistas.

Mas isso não significa que elas estão imunes às oscilações de mercado e protegerão sua carteira de todos os gols adversários. No dia 7 de setembro de 2012, quando a então presidente Dilma Rousseff assinou a MP 579, com o intuito de diminuir

---

*   Rivarola, no Grêmio; Gamarra e Balbuena, no Corinthians; Gustavo Gomez, no Palmeiras; Júnior Alonso, no Atlético Mineiro, são alguns exemplos de zagueiros paraguaios importantes no futebol brasileiro.

a tarifa de energia paga pelo consumidor final, ela usou como principal mecanismo a não renovação das concessões de geração de energia. O setor elétrico como um todo perdeu 48 bilhões de reais de valor de mercado nesse período.[4] As ações da Transmissão Paulista caíram 43,1% naquele ano.

Por isso, mesmo na zaga, também é bom diversificar. Há outras opções de ações anticíclicas para formar sua linha de defesa. As ações anticíclicas são aquelas empresas do contra. Quando o mercado está caindo desesperadamente, elas sobem ou caem muito pouco. Com essa característica, além das elétricas, há companhias de infraestrutura, como concessionárias de rodovias, e aquelas que baseiam seus negócios na exportação, com receita em dólar. Em um contexto de crise, a moeda norte-americana costuma se valorizar, e essas empresas são beneficiadas.

Durante o Joesley Day,* que aconteceu numa quarta-feira, a B3 acionou o circuit breaker, um mecanismo que trava toda e qualquer operação na Bolsa de Valores em um momento de crise. Ele tem como principal objetivo proteger e acalmar a volatilidade excessiva do mercado. Após a volta das operações, a Bolsa brasileira fechou com uma queda de 8,8%, e contratos futuros** de juros e dólar bateram o limite de alta e ficaram nesse patamar até o fechamento do dia.

Naquele dia, todas as ações estavam caindo, exceto as da Fibria, empresa de produção de celulose, que em 2019 foi adquirida pela Suzano. Como exportava quase tudo o que pro-

---

* 17 de maio de 2017. O Joesley Day foi o dia em que houve a divulgação do conteúdo de uma conversa entre o ex-presidente Michel Temer e o empresário Joesley Batista, estabelecendo uma crise política. O mercado ficou em pânico com a possibilidade de queda do governo Temer.

** Contrato futuro é um instrumento financeiro que obriga as partes envolvidas a comprar ou vender um ativo em uma data e um preço predeterminados.

FORME UM PORTFÓLIO INVENCÍVEL

duzia — tinha custo em real e receita em dólar, que estava subindo com a crise —, suas ações dispararam.

A reação mais óbvia e correta em um momento como esse é esperar a tempestade passar e não fazer nada. As empresas não iam mudar o fundamento da noite para o dia. O que estava acontecendo era uma crise política, que um dia terminaria.

A única certeza é que a situação não seria resolvida imediatamente — ou seja, o dólar seguiria subindo por alguns dias. No dia seguinte, quando o pregão abriu, Salomão fez a seguinte recomendação: "Eu não sou adepto da concentração de carteira [apostando todas as fichas em uma única empresa], mas naquele momento específico li que o mercado futuro só não subiu mais porque havia um limite, senão subiria. E não tinha acontecido nada que me fizesse acreditar que os juros e o dólar pudessem cair, pois a discussão na época era se o presidente Michel Temer renunciaria ou sofreria o impeachment; aí tomei a decisão de recomendar a venda de todas as ações e comprar a única que valia a pena ter na carteira, a Fibria, porque, mesmo quando tudo voltasse ao normal, ela continuaria sendo um bom investimento. Recomendei colocar todas as fichas nessa ação". A carteira recomendada por ele, naquele mês, rendeu cerca de 15% por causa desse movimento. Sem essa mudança, a carteira teria caído 4%.

Momentos de crise, portanto, podem abrir oportunidades, e sua defesa pode se transformar em ataque para turbinar seus ganhos. Mesmo com foco em longo prazo, essas pequenas vitórias em períodos curtos ajudam a multiplicar seu dinheiro.

Mas investir só olhando para a defesa não é uma aposta promissora. Você pode até não correr riscos significativos, mas também não vai muito longe.

Por isso, com a defesa bem estruturada, acreditamos que ter ações mais agressivas para formar o meio-campo e o ataque é o melhor para seu portfólio.

Partindo para o ataque

Para a parte ofensiva do seu time, é bom investir em companhias que estão em um movimento de expansão de seus negócios. São as chamadas empresas de crescimento (growth). Fazem parte dessa categoria as fintechs, startups de tecnologia ou de negócios disruptivos, como a Tesla, de Elon Musk. Empresas que conseguiram se reinventar, como a Magazine Luiza, também entram nessa classificação. A varejista, que começou no interior de São Paulo e chegou a enfrentar boatos de falência e absorção por outras redes nos anos de 2010, se transformou em um dos líderes do e-commerce nacional. Mesmo que o valor de seu papel tenha caído 81% em 2022 em relação a seu topo histórico, a empresa se encontra em uma situação muito mais saudável que na época de seu IPO, valendo cinco vezes mais.

São companhias que, em muitos casos, não lucram nem distribuem dividendos, mas têm a expectativa de fazer ambos no futuro. Por isso, para trazer alguns desses papéis para o seu portfólio, você deve analisar o potencial de crescimento e o mercado que a empresa pretende alcançar. É preciso fazer as seguintes perguntas: aonde ela quer chegar? Ela vai aumentar a receita ou o número de clientes de modo significativo, ou já está no limite? É uma companhia bem conceituada pela sociedade? Está num mercado em ascensão?

É preciso analisar se o negócio é sólido e sustentável para o longo prazo. É recomendável que a empresa tenha planos B, C e talvez até D para seus negócios, como lançar novas categorias de produtos, expandir em outros países ou mercados adjacentes. Também é preciso levar em conta se o produto ou serviço atende a uma demanda relevante do consumidor e se é muito melhor que a concorrência. Investir em uma empresa

FORME UM PORTFÓLIO INVENCÍVEL

nova, que quer competir com companhias consolidadas, apresentando apenas um produto melhorzinho, geralmente não vale o seu investimento.

O Facebook seguiu a trajetória de ascensão. Fundada em 2004, a rede social só registrou lucro pela primeira vez em 2009, quando se aproximava dos 500 milhões de usuários. No início de 2022, ocupava 11º lugar na lista das empresas mais valiosas do mundo. Hoje, o mercado espera aparecer o novo Facebook, mas não é fácil identificar quando a companhia ainda é embrionária. A especulação em torno das ações de uma empresa de crescimento é maior, mas a valorização, caso você acerte, também é grande. É dessa forma que seu time marcará os gols para que seus investimentos se multipliquem ao longo dos anos.

O aumento da expectativa de alta dos juros futuros — como vimos no mundo entre o final de 2021 e 2022 — pode impactar o investimento nas empresas de crescimento. Aqui vale uma ressalva. Muita gente associa o juro alto a um impacto negativo das ações, e o baixo, a um impacto positivo. De fato, isso acontece, mas o que afeta mesmo é a expectativa dos juros, o chamado juro futuro. Quando há a expectativa de uma discussão — apenas uma discussão — sobre a baixa dos juros daqui a seis meses, por exemplo, isso já causa impacto positivo na valorização das ações, mesmo que no presente as taxas ainda sejam altas.

Com a expectativa de juros mais altos, o custo de oportunidade* fica mais caro, pois na renda fixa você pode fazer seu dinheiro render mais com riscos bem menores, apenas aproveitando os juros de investimentos conservadores. Como os lucros desse tipo de empresa estão no futuro, o tempo que

---

* O que o investidor deixa de ganhar em um investimento ao optar por outro.

você vai esperar para obtê-los, como acionista, é maior. Portanto, é necessário abrir mão de mais juros ou lucros advindos de outros ativos.

Esse é o momento em que o preço das ações dessas empresas cai, podendo abrir oportunidades atraentes de aquisição.

Equilíbrio

Em 1974, o técnico holandês Rinus Michels surpreendeu o mundo durante a disputa da Copa do Mundo. Ele criou uma inovação tática que ficou conhecida como o "carrossel holandês". Os atletas da sua seleção não guardavam posições fixas e circulavam pelo campo, mas sempre com um objetivo claro: buscar o gol.

De alguma forma, o lendário megainvestidor americano Howard Marks, fundador da gestora de recursos Oaktree, concorda com a estratégia. Para ele, não há muita diferença entre as empresas de valor e as de crescimento. Afinal, as empresas de crescimento precisam ter algum valor para o investidor acreditar em sua ascensão; e as de valor também devem trazer indícios de que manterão sua rentabilidade para o investidor. "O objetivo, no final do dia, é descobrir quais ações vale a pena comprar e adquiri-las quando estiverem disponíveis por um preço baixo", escreveu ele em um relatório publicado em janeiro de 2021. Como Rinus Michels, ele acredita que, independentemente das empresas que você tenha no portfólio, o importante é buscar o gol, ou o lucro máximo.

No Brasil, pela falta de maturidade do mercado, há muitos oligopólios por setor, que podem ser organizações que mesclam as características de empresas de valor e de crescimento. Como o carrossel holandês, elas podem ser eficientes tanto no

FORME UM PORTFÓLIO INVENCÍVEL

ataque quanto na defesa. Nessa categoria estão empresas como a Localiza, de aluguéis de carro, a Cosan, um conglomerado do setor de energia, combustíveis e logística, e a própria B3, uma das principais companhias de infraestrutura de mercado financeiro do mundo, que monopoliza as operações do setor no Brasil. São empresas consolidadas, que pagam dividendos, ao mesmo tempo que buscam constantemente a expansão de seus negócios.

Claro que, para o consumidor, quanto mais concorrência, melhor. Quando você quer alugar um carro, é bom que haja uma Localiza ao lado de uma Movida, pois a concorrência fará com que o preço diminua ou o serviço melhore para o cliente. Mas quando você é o dono do carro para alugar, que é o caso de um investidor em ações, é melhor que tenha só uma Localiza ou Movida na região e que o outro esteja bem longe.

Oligopólios podem ser o meio-campo do seu time, pois criam o equilíbrio entre as partes defensiva e ofensiva do seu portfólio. Podem render mais que as empresas defensivas e sofrer menos nas crises que empresas de crescimento.

Por fim, você pode ter aquele elemento surpresa na sua carteira. Sabe aquele jogador que entra aos trinta minutos do segundo tempo e desmonta a defesa do time adversário? Ele pode ser representado no seu portfólio por uma small cap, empresas com valor de mercado menor em relação às grandes organizações, que você acredite que possa virar uma gigante do seu segmento.

Também pode ser uma empresa sólida que esteja passando por um momento difícil, mas que você acredite que possa se recuperar, como o Ronaldo na Copa de 2002. Ele estava voltando a jogar após uma lesão séria no joelho e muitos colocavam em dúvida que pudesse atuar em alto nível. O então técnico da seleção brasileira, Luiz Felipe Scolari, apostou em sua recuperação — e o resto é história. Ronaldo foi um dos protagonistas do pentacampeonato mundial da nossa seleção. Foi um risco, Felipão bancou e deu certo. Não recomendamos que esse tipo de ação represente uma grande porcentagem da sua carteira, pois a chance de você perder dinheiro é grande. Mas se ganhar, o céu é o limite.

Se fôssemos comparar uma empresa com Ronaldo, o melhor exemplo sem dúvida é a Apple. Em 1997, enquanto o craque brasileiro esbanjava talento no Barcelona e na Inter de Milão, a empresa norte-americana estava à beira da falência. Quando Steve Jobs retornou à Apple, depois de doze anos, disse que encontrou uma empresa a noventa dias de quebrar.[5] No ano seguinte, ela recuperou posição e confiança com o lançamento bem-sucedido dos coloridos iMac G3 e, em 2001, com o iPod, revolucionário tocador de música digital. Aos poucos, tornou--se uma das empresas mais valiosas do mundo. Se você tivesse investido cem dólares na Apple em 1980, no seu IPO, segurando os papéis mesmo com a empresa quase falindo, teria, em agosto de 2018 (quando o valor de mercado da Apple ultrapassou 1 trilhão de dólares), 127558,84 dólares na carteira.

Aprendemos com Maurício Bittencourt, da Velt Partners (gestora de recursos focada em investimentos de longo prazo em companhias brasileiras), que, tanto para as empresas de valor quanto para as de crescimento, boas ou ruins, grandes ou pequenas, é preciso olhar para outro fator com potencial determinante: as pessoas que as comandam. Estude a história dos gestores, do CEO e de quem faz parte da diretoria que tentará implementar o plano de negócio. Para isso você pode usar notícias dos veículos de sua confiança, jornais, relatórios de analistas e resultados das empresas que a equipe já comandou. Se são pessoas com histórico de sucesso, atitudes coerentes e consistentes, a chance de dar certo, claro, aumenta.

FORME UM PORTFÓLIO INVENCÍVEL

O técnico palmeirense Abel Ferreira, após a vitória épica do seu time sobre o River Plate, na semifinal da Libertadores de 2020 — maior time da América do Sul na época —, usou como parte de sua estratégia conhecer a mente de seu adversário, Marcelo Gallardo, técnico da equipe argentina. Quando perguntaram como venceu aquele jogo, ele disse que a resposta estava no livro do Gallardo.* Ele leu a obra para entender como funcionava a cabeça do treinador e montar o esquema ideal para conquistar a improvável vitória. Portanto, mais do que apenas focar no plano técnico e tático, Abel, assim como prega Bittencourt, procurou conhecer a pessoa que iria enfrentá-lo.

Em contraposição ao conselho de Bittencourt, há uma frase do megainvestidor Warren Buffett (se você ainda não leu um livro de Buffett, fique tranquilo que muitos que o propagam também não leram, mas pode apostar que qualquer frase inteligente sobre investimentos tem grande chance de ser dele): "Você deve investir num negócio que até um idiota poderia dirigir, porque algum dia um idiota o dirigirá".[6] Na nossa visão, o ideal é buscar o equilíbrio: empresas com bons gestores, mas que não dependam deles por terem negócios sólidos e promissores.

Se você fizer uma carteira diversificada e olhando para o longo prazo, as chances de escolher empresas que vão dar certo é muito maior do que as que vão dar errado. Quanto mais longo o horizonte, menos genial você terá que ser.

Mas mesmo que consiga ser um técnico com o talento de Telê Santana (ou de Abel Ferreira, como diria o palmeirense Salomão), seu portfólio de ações não está imune a riscos. Para você se preparar e evitar o pior, precisamos falar sobre eles.

---

* *El Pizarrón de Gallardo: Así armó un River ganado.*

4
Vale a pena o risco?

VAMOS SER DIRETOS: operar na Bolsa de Valores traz riscos. Mesmo que seja um estudioso do assunto e tenha muita experiência, em algum momento você vai errar e perder dinheiro. O caso recente da fabricante de cosméticos e produtos de beleza Natura — cuja virtuosa história inicial já foi citada aqui — é emblemático. No início de 2020, quando a empresa concluiu a compra da norte-americana Avon, houve um otimismo geral no mercado em relação aos papéis da Natura.

E aqui não estamos falando do pequeno investidor ou de um efeito manada. As grandes cabeças dos principais fundos de ações — os "Telê Santana" e os "Abel Ferreira" do mercado financeiro — apostavam numa consolidação da Natura como um grande investimento para os anos seguintes.

De início, deu tudo certo. Um mês e meio após o anúncio da compra da Avon, o preço das ações foi de 40,75 reais para 50,31 reais. Em julho de 2021, a cotação passou dos sessenta reais. Mas a partir daí, as coisas começaram a não correr tão bem. Com resultados abaixo do esperado, já prejudicados pela pandemia, e a invasão russa à Ucrânia impactando o desempenho da Avon internacional (boa parte da receita da empresa vem do Leste Europeu e 3% do Ebitda da companhia em 2021 veio dos dois países envolvidos na guerra),[1] em fevereiro de 2022 os papéis já estavam na casa dos 21 reais, chegando ao patamar de quinze reais no segundo semestre daquele ano. Para reduzir suas dívidas, a empresa se viu obrigada a vender um de seus ativos de maior valor, a marca Aesop, para a L'Óreal, por 2,53 bilhões de dólares.[2]

A queridinha de todos os grandes especialistas, aquele jogador que todo mundo quer ter no seu time, decepcionou. Quando montar sua carteira de ações, isso também vai acontecer com você, por mais preparado que esteja.

Na carta aos acionistas da Berkshire Hathaway* de fevereiro de 2018, Warren Buffett dedicou uma parte do texto para falar sobre o comportamento das ações da empresa. Ele mostrou uma tabela com quatro momentos na história, nos últimos 53 anos, em que os papéis da companhia tiveram quedas abruptas, de 35% a 59%, em curtos períodos, e concluiu:

> Nos próximos 53 anos, nossas ações (e outras) sofrerão quedas semelhantes às da tabela. Ninguém pode dizer quando isso vai acontecer. A luz pode, a qualquer momento, passar de verde para vermelho sem parar no amarelo.[3]

Em diversos momentos, o mercado transmite essa sensação de insegurança. Parece que tudo vai ruir de repente, e é

---

* Conglomerado de empresas do qual Buffett é diretor, cujos negócios incluem ferrovias, produção de doces, aspiradores de pó, vendas de joias, entre outros.

Período	Máxima	Mínima	Queda — em %
Março 1973-Janeiro 1975	93	38	59,1
02/10/1987-27/10/1987	4,25	2,675	37,1
19/06/1998-10/03/2000	80,9	41,3	48,9
19/09/2008-05/03/2009	147	72,4	50,7

por isso que você tem que estar muito seguro de suas escolhas — não vai ganhar sempre, mas saberá o porquê quando estiver perdendo. Muitas vezes, tudo parece caminhar bem com a empresa, com a macroeconomia, os cenários que geram impacto sobre ela estão favoráveis e, mesmo assim, a ação cai, aparentemente sem motivo. O CEO da companhia em que você investiu não tem controle sobre isso, e a atividade da empresa também não foi o que causou a queda.

Isso pode acontecer por uma razão ainda não aparente ou apenas como efeito de uma dinâmica de mercado de capitais. Às vezes uma ação se valoriza somente por ter muita gente comprando e cai porque há uma venda expressiva, porque um grande fundo está reposicionando sua carteira, por exemplo. Estamos aqui dizendo o óbvio, mas isso é necessário. Muitas vezes, principalmente quando nosso patrimônio está envolvido, podemos perder a racionalidade e encontrar pelo em ovos ou chifres em cabeça de cavalo. Em grande parte das vezes, eles não existem e nada mudou com o fundamento da sua ação — apenas alguém que tinha parte significativa da companhia resolveu embolsar um lucro e isso afeta momentaneamente a oferta e o preço. Nada demais.

Quando uma ação cai, é preciso fazer as contas para você saber o quanto aquela ação precisa subir para se recuperar. Se um ativo desvalorizou 10%, ele precisará se valorizar cerca de 11% para voltar ao preço anterior. Se caiu 50%, terá que subir 100%; desceu 70%, precisaria crescer 233%; e se afundou 90%, teria que se multiplicar 900%, só para voltar ao patamar inicial. Por isso, caso você perceba que a empresa pode estar no caminho de perder seus fundamentos e que suas ações tenham se desvalorizado (também) por isso, é importante fazer esse cálculo e, em certos casos, vender, assumindo o prejuízo, se acreditar que a queda segue uma tendência irrecuperável.

A longo prazo, um dos segredos para driblar a insegurança é acertar mais do que errar. Simples assim. Em 2016, quando Salomão entrevistou um grande conhecedor das dinâmicas do mercado, Pedro Damasceno, sócio da Dynamo, uma das mais importantes gestoras de ações do Brasil (Damasceno faleceu menos de um ano depois, vítima de um infarto fulminante), ele defendeu essa mesma tese: "Evite grandes erros e você terá sucesso na Bolsa".

E não é algo tão difícil, como pode parecer em um primeiro momento. A Bolsa de Valores é a Champions League dos investimentos. Assim como na Champions estão as melhores equipes e os jogadores mais celebrados, na Bolsa estão as empresas com melhores negócios e mais alta qualidade de gestão de cada setor. É claro que, como na Champions, há times de países periféricos do futebol que só fazem figuração na primeira fase, na Bolsa há empresas de setores mais arriscados, como aviação ou varejo. Mas se você colocar boa parte do seu dinheiro em empresas consolidadas, em setores mais estáveis, as chances de ganhar dinheiro no longo prazo aumentam consideravelmente.

O fato de o Brasil ter um ambiente com menos competição entre as empresas favorece ainda mais o investimento. É como se o Real Madrid jogasse o Campeonato Espanhol sem seus principais rivais e competisse apenas contra times pequenos. "Se o investidor não fizer muita besteira, escolher empresas minimamente boas e dispor de capital de longo prazo, o tempo estará a seu favor. Os problemas acontecem quando as pessoas se desesperam e vendem na hora errada ou se animam em momentos de euforia. Pode parecer simplista, mas bom senso é mais importante para um investidor do que qualquer coisa", resumiu Damasceno.

Quem joga mal também ganha

Com a pandemia do novo coronavírus, muitos negócios simplesmente quebraram. Em 2020, o isolamento social fez com que o comércio perdesse 75,2 mil pontos de venda, segundo estudo da Confederação Nacional do Comércio de Bens, Serviços e Turismo (CNC).[4] Se você usou seu dinheiro, logo antes desse período, para abrir sua própria loja, provavelmente amargou um enorme prejuízo.

Se, no lugar de ter investido em um ponto comercial, você colocasse parte desse dinheiro em ações da empresa de comércio eletrônico Mercado Livre, por exemplo, poderia ter multiplicado seu capital. Suas ações, em janeiro de 2020, antes do início da pandemia, valiam 20,63 reais e terminaram aquele mesmo ano valendo 74,31 reais, uma valorização de quase 300%. Em 2021, as ações chegaram a superar os oitenta reais. Em 2022, ela teve uma forte queda, mas sendo cotada a quase o dobro do que valia no pior momento da pandemia.

Ao ver esses gráficos de oscilação de mercado, muitos investidores tentam adivinhar o momento certo para comprar e vender uma ação. Esperam que ela atinja um preço mínimo imaginário, assim como aguardam o que julgam ser o valor máximo para vender. Claro que o preço é um fator importante para comprar uma ação, como já falamos, mas acertar o momento de comprar e vender um papel é praticamente impossível. O próprio Damasceno, com toda a sua experiência, reconhecia isso: "Nós mesmos temos dificuldade em acertar o momento exato de vender uma ação. Normalmente nós, na Dynamo, vendemos cedo demais, e fazemos isso porque gostamos de ter uma margem de segurança".

Um estudo, realizado pela empresa norte-americana de serviços financeiros Charles Schwab, comparou cinco estratégias de investimento ao longo de duas décadas (terminando em 2020), com aportes de 2 mil dólares por ano. Foram criados personagens com nomes engraçados (quem souber um pouco de inglês vai entender os trocadilhos) para descrever as estratégias e compará-las:

- Peter Perfect: investiu sempre no melhor momento, no fechamento mais baixo do ano.
- Ashley Action: investiu sempre no primeiro pregão do ano.
- Matthew Monthly: dividiu os 2 mil dólares em doze porções iguais e investiu mensalmente.
- Rosie Rotten: investiu sempre no momento menos indicado, no pico de alta das ações.
- Larry Linger: investiu em renda fixa (títulos do Tesouro dos Estados Unidos).

O resultado do estudo mostrou que Rosie, embora tenha escolhido sempre o momento menos apropriado para comprar ações, transformou seus 2 mil dólares anuais em 121 171 dólares ao final de vinte anos, enquanto seu colega Larry, ao ficar apenas na renda fixa, chegou a módicos 44 438 dólares. Peter Perfect, o grande (e sortudo) especialista, conseguiu juntar apenas uns 30 mil dólares a mais que Rosie. Ashley e Matthew ficaram na posição intermediária, entre Peter e Rosie, acumulando, na média, 135 mil dólares.

Moral do estudo: no mercado de ações, embora quem acerte o timing ganhe mais dinheiro, mesmo quem erra e tem muito azar também tem um retorno significativo. Ou seja, pra quem olha o longo prazo, o mais importante é simplesmente estar na Bolsa, não importa muito quando entrou.

O norte-americano Willian Sharpe, ganhador do prêmio Nobel de Economia em 1990, descobriu que, para um investidor que pratique o market timing conseguir os mesmos retornos que um que está sempre posicionado, ele deve estar certo em 82% do tempo, o que exigiria uma dedicação diária, profissional.

O investidor que escolher o melhor momento para comprar uma ação tem resultado pior que aquele que simplesmente compra. Se você tivesse investido mil reais no Ibovespa no início de 2002 e tivesse mantido o investimento inicial durante todo esse período, hoje teria mais de 8 mil reais. Mas se, por algum motivo, perdesse os cinco melhores dias de retorno do índice, deixaria de ganhar mais de 50% desse valor.

É preciso ter em mente que comprar ações se parece mais com uma maratona, não com uma prova de cem metros, de tiro curto, onde o ponto de partida e de chegada podem ser vistos claramente. Pode não ter a emoção do dinheiro rápido, mas é uma forma mais consistente de multiplicar seu patrimônio pensando no futuro.

VALE A PENA O RISCO?

E o CDI?

Embora as lições do estudo da Charles Schwab façam sentido para a realidade brasileira, por aqui temos algumas características peculiares, as nossas jabuticabas, que precisam ser levadas em conta. Em diversos momentos da história do país, a taxa básica de juros esteve acima dos dois dígitos. Sempre estamos entre os líderes mundiais nesse quesito.

Isso faz com que os investimentos em renda fixa historicamente também gerem rendimentos significativos e sejam um concorrente mais forte para a Bolsa de Valores do que os Títulos do Tesouro dos Estados Unidos.

Desde 1998, o CDI,* índice de referência da renda fixa, rendeu 1950%, contra 838% do Ibovespa. Só que o Ibovespa, historicamente, não está entre os índices mais competitivos.

---

* Certificado de Depósito Interbancário é a taxa usada pelos bancos para emprestar dinheiro entre si. Geralmente muito próxima à Selic, é considerada referência para os outros investimentos. Espera-se que um gestor profissional, que cobra taxa para gerir o seu dinheiro, traga rendimentos maiores que ele.

Até 2013, o número de ações negociadas e o valor total negociado eram dois critérios que possuíam a mesma importância para determinar a participação de uma empresa no Ibovespa. O índice mudou alguns dos seus critérios — hoje o valor total negociado é mais importante que o número de negócios e ele não permite ações com preço abaixo de um real, que são muito voláteis. Portanto, tem melhorado.

Mas para uma comparação mais justa com o CDI, vamos considerar o IQT (Índice Quantum* Ativo Ibovespa). É uma média ponderada por volume de todos os Fundos de Ações Ativos (falaremos mais sobre eles no Capítulo 6) que investem na Bolsa brasileira. Desde 1998, esse índice acumulou uma alta de 3192%.

Mesmo em janelas curtas de três anos, a média do retorno dos fundos ativos foi vencedora: IQT: 68% × CDI: 45%. Em janelas maiores, de cinco anos, o ganho é ainda maior: IQT: 138% × CDI: 86%.

Ou seja, mesmo no Brasil, com suas taxas de juros estratosféricas, ter uma parte dos investimentos em ações pode ajudar a multiplicar seus ganhos. O segredo é dosar entre renda fixa e Bolsa de acordo com seu estômago para aguentar a volatilidade, seus planos, metas e compromissos financeiros.

Rebalanceamento

David Swensen, investidor norte-americano e diretor de investimentos da Universidade de Yale, considerado o pai da gestão de portfólio, mostrou em uma de suas aulas mais famosas a importância da diversificação em períodos longos. Ele volta à

---

* Criadora do índice, a Quantum é uma empresa de tecnologia em finanças que atua no mercado desde 1999.

VALE A PENA O RISCO?

crise de 1929* e aponta que quem estivesse àquela altura com todo o seu portfólio em small caps** teria, ao fim daquele ano, perdido 54% do seu dinheiro; ao fim de 1930, teria perdido outros 38%; no final do ano seguinte, seu saldo da corretora mostraria outros 50% negativos. Até junho de 1932, quando a recuperação teve início, teria perdido outros 32%.

Nesse período todo, para cada dólar, restariam dez centavos a esse investidor. Mesmo que, depois de alguns anos, recuperasse o seu dinheiro, a maioria não pagou para ver. Diz ele:

> Não importa se você é um investidor com o mais forte dos estômagos ou se você é um investidor institucional com o mais longo horizonte de investimento imaginável. Em algum ponto, quando os dólares estão se transformando em moedas, você vai dizer: 'É uma coisa completamente ridícula aceitar todo esse risco no portfólio. Eu não posso suportar isso. Estou vendendo todas as minhas small caps e vou comprar títulos públicos'. E foi exatamente o que as pessoas fizeram.[5]

Por isso, embora reconheça que ações são uma boa alternativa para investidores com horizonte de longo prazo, Swensen defende a tese de que é preciso diversificar para conseguir atravessar, com relativa tranquilidade, "períodos em que ativos de risco produzem resultados tão ruins a ponto de serem assustadores".

O primeiro passo para diversificar é você definir qual parcela dos seus investimentos aplicará em ações. Dependendo do seu perfil, pode ser 10%, 20% ou 50%. O restante poderá ser alocado em diversos produtos de renda fixa (títulos públicos, títulos de dívida de empresas, emissões bancárias, renda fixa

---

*   Maior crise financeira da história dos Estados Unidos, que teve início em 1929 e persistiu ao longo da década de 1930.

** Empresas de pequeno porte, cuja capitalização de mercado está abaixo de 1 bilhão de dólares (nos valores de hoje).

internacional). Há ainda outros produtos de renda variável, além das ações, que você pode usar para ampliar seu portfólio, como fundos imobiliários, commodities cíclicas, metais preciosos (ouro/prata), moeda, criptomoedas, fundos multimercados.

É importante ter um norte de quanto você deve ter em cada ativo, mas tenha em mente que essa porcentagem não é fixa e você pode mudá-la sempre que for preciso. Isso porque o mundo muda e nós mesmos mudamos — o que antes era um risco aceitável para você, pode não ser mais.

Com essa porcentagem em mente, o ideal é mantê-la enquanto fizer sentido para você. De tempos em tempos, de acordo com o rendimento da Bolsa e da renda fixa, essa porcentagem pode desequilibrar, e aí é preciso fazer o que chamamos de rebalanceamento, que ajudará a aumentar a rentabilidade nas duas pontas. Aqui vamos dar um exemplo de como fazer isso entre seu investimento em ações e renda fixa. Vamos ilustrar com um gráfico, para facilitar.

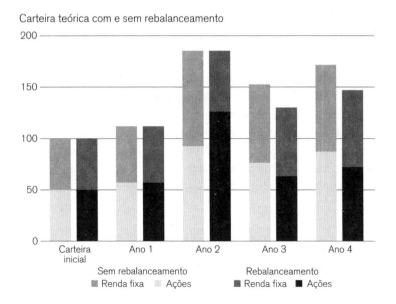

Carteira teórica com e sem rebalanceamento

VALE A PENA O RISCO?

Desempenho da Bolsa de Valores e dos títulos de renda fixa ao longo de quatro anos

	Ano 1	Ano 2	Ano 3	Ano 4
Bolsa de Valores	15%	120%	−50%	15%
Títulos de renda fixa	10%	7%	15%	10%

Na primeira barra do gráfico, temos a carteira inicial dividida em 50 mil reais em ações e 50 mil em renda fixa.

No ano 1, as ações subiram 15% em doze meses e a renda fixa subiu 10% (praticamente não mudaram de proporção, o que dispensa o rebalanceamento).

No ano 2, as ações subiram 120% e a renda fixa subiu 7%. Mudou a proporção e, portanto, é hora de fazer o rebalanceamento. No gráfico, mostramos a diferença de proporção de alocação dos recursos.

No ano 3, a situação se inverte. A Bolsa cai 50% e a renda fixa sobe 15%. Veja a diferença de ganhos de quem fez rebalanceamento nessa situação e quem não fez.

Já no ano 4, a Bolsa sobe 15% e a renda fixa sobe 10%. Não é preciso rebalanceamento.

Fazendo as contas, no prazo de quatro anos a nossa carteira teve uma performance melhor do que se não tivesse sido rebalanceada (a diferença na rentabilidade ficou em 25 mil reais).

O rebalanceamento não precisa ser diário, semanal ou mensal. Nem feito a toda oscilação. Não é porque sua proporção de ações passou de 20% para 19% que você deve colocar mais 1%. É importante fixar uma margem de erro para não precisar mexer a toda hora nos investimentos. Se você tem 50%/50% entre renda fixa e ações, talvez seja interessante rebalancear quando estiver em 60%/40% para um dos lados.

O objetivo é manter as fatias da sua pizza do tamanho que você definiu inicialmente, mas sem neurose.

Em períodos sem grandes turbulências no mercado, você pode esperar seis meses para fazer essa conta. A cada três meses, pode dar uma olhadinha. Mas se tomar gosto em acompanhar as oscilações do mercado, é natural que queira fazer essa avaliação diariamente — o que não é ruim, se contiver o impulso de mexer na carteira a cada sobe e desce de preços e não tomar decisões precipitadas. Já avisamos: não é fácil conter o impulso, então pense bem antes de se render ao acompanhamento intensivo.

No entanto, se acontecer algo excepcional que faça suas ações valorizarem ou desvalorizarem rapidamente, você não precisa respeitar o tempo que planejou para o rebalanceamento. No primeiro trimestre de 2022, o Ibovespa registrou alta de 14,48% (em dólar, essa alta foi de quase 32%). Nesse caso, vale uma reavaliação.

Seguir essa fórmula simples de rebalanceamento vai permitir que você coloque em prática exatamente o que todo investidor de ações deveria fazer: comprar na baixa e vender na alta. Isso porque a porcentagem de ações na sua carteira sempre vai diminuir quando elas caírem — logo, para recompor o portfólio, você comprará ações a um preço menor do que valiam. A mesma coisa ao contrário: se a porcentagem de ações na sua carteira subir, é sinal que os preços se valorizaram; logo, você as venderá com valorização.

Isso impedirá que você cometa o erro mais comum do mercado, que é comprar ações na alta e vender na baixa. Acredite, muita gente faz isso. Nem mesmo os cotistas de Peter Lynch, um dos maiores mentores do value investing* do mundo, pas-

---

* Estratégia que consiste em adquirir ações que estão subvalorizadas, a fim de aguardar a convergência de fatores que levarão os papéis aos seus preços considerados justos.

saram impunes por essa prática. Entre 1977 e 1990, seu fundo entregou um retorno acima de 29% ao ano em média durante todo esse período. No entanto, na média, seus cotistas perderam dinheiro nesses anos. Isso aconteceu porque, quando a performance do fundo estava boa, eles investiam mais, pagando mais caro para adquirir menos cotas e, quando ia mal, eles resgatavam o investimento, concretizando perdas.

Para esses investidores, criamos o apelido de Zé Cotinha. Sabe aquela pessoa que vai à loja de roupa e, se percebe que uma peça está mais cara que na semana passada, ela compra, com medo de subir mais? Ou, se está barata, ele espera o preço cair mais um pouco para comprar (o que quase nunca acontece)? Dessa forma, ele sempre foge das liquidações e acaba pagando mais do que devia. Comprar mais na baixa do que na alta, por si só, não é garantia de sucesso, mas pode ajudar você a pagar um preço razoável na hora da compra. E vender na alta permite colocar no bolso o lucro da operação.

A estratégia do rebalanceamento vai ajudar você a sobreviver ao mercado e se manter no jogo. Mas não é uma receita de bolo, e não é preciso seguir as regras do rebalanceamento como se fossem leis. Use o bom senso para flexibilizá-la quando necessário.

Ações em tempos de crise

As grandes crises nacionais e mundiais abalam os mercados e trazem uma maior sensação de risco. Nessas horas, é comum bater o desespero e você achar que suas ações vão virar pó, perdendo tudo o que investiu. Calma.

Se você tem consciência de que seu investimento é para longo prazo, não há motivo para entrar em pânico. Porque você só perde efetivamente o dinheiro se e quando vender suas ações. O que se vê na tela do computador ou do celular, nesses momentos, é uma marcação do mercado. Por isso, respire fundo e aja com racionalidade. O cenário pode — e deve — mudar.

É como o momento em que você entra no avião para uma viagem. Antes de decolar, as aeromoças ensinam o que se deve fazer caso o avião comece a cair. É verdade que ninguém presta muita atenção, mas aquilo é ensinado antes para, na hora "H", no momento do desespero, ninguém perguntar: "O que tenho que fazer?". Antes de escolher as empresas para investir, você já deve estar preparado para turbulências e quedas, e ter em mãos as respostas para as questões: 1) Se uma crise abalar o mercado, o que tenho que fazer? 2) Meus investimentos estão diversificados a ponto de não doer tanto? 3) Tenho caixa para que uma queda seja uma oportunidade para eu comprar mais? As respostas ideais para as duas últimas questões são "sim". Para a primeira, depende.

Como aprendemos no Joesley Day (página 64), momentos de crise podem abrir oportunidades para turbinar seus ganhos, desde que você tenha um plano de ação estruturado para horas de turbulência. Mesmo com foco no longo prazo, essas pequenas vitórias em períodos curtos podem ajudar a multiplicar seu dinheiro.

As exceções

Em todo o mundo há casos de empresas que atraem muitos investidores, mas, por motivos internos ou externos, entram numa espiral de queda forte em pouco tempo e dão grandes prejuízos. Temos exemplos recentes no Brasil como a IRB, Oi, Cogna e Enjoei. São companhias que criaram uma euforia no mercado e despencaram vertiginosamente, seja porque o mercado ajustou as expectativas ou por alguma fraude, como no caso da IRB.[6] O caso mais emblemático de queda abrupta da história da Bolsa brasileira foi o da OGX.

Criada em 2007 por Eike Batista, a OGX nasceu com a ambição de ser a maior exploradora privada de petróleo do Brasil. Muitos investidores e grande parte da imprensa acreditaram no sucesso dessa empreitada sem questionar o suficiente.

A expectativa de Eike era que sua empresa chegasse a produzir 1,05 bilhão de barris de petróleo em 2019, cerca de 2,89 milhões de barris por dia,[7] sem contar a produção de gás natural — que também não seria desprezível. Na visão do empresário, a companhia demoraria apenas onze anos para conseguir superar a produção da Petrobras, que já acumulava mais de meio século de operação. "A história do petróleo brasileiro vale 1 trilhão de dólares. E está logo embaixo do nosso nariz", disse Eike a um programa da TV norte-americana chamado *60 Minutes*. Seduzidos pelo carisma e a retórica do empresário, muita gente se empolgou com o seu sonho e comprou a ideia.

No ano seguinte, mesmo ainda em fase pré-operacional, a companhia abriu seu capital, levantando 6,71 bilhões de reais, no maior IPO da Bolsa brasileira até então. Corrigido pela inflação oficial, esse valor equivale a 15,4 bilhões de reais (em junho de 2022).

Em 2008, ela se tornou uma das favoritas do mercado, com 51 mil investidores minoritários pessoas físicas (aqueles que, como você, não controlam um grande fundo de ações). No mesmo ano, a ação da petrolífera terminou com queda acumulada de 60,89%. Mas era o auge da crise do subprime norte-americano que havia começado a minar a confiança dos investidores e derrubado Bolsas no mundo inteiro.

SEM MEDO DE INVESTIR EM AÇÕES

Com o amadurecimento do projeto, ficou evidente que a produção prometida por Eike e esperada pelo mercado não seria atingida. Um comunicado no dia 25 junho de 2011 avisava que, em vez do fluxo esperado de cerca de 20 mil barris de petróleo por dia, a companhia estava produzindo apenas 10 mil. As dívidas também se acumulavam — no início de 2012, já eram tidos como impagáveis 3,6 bilhões de dólares. Resumindo a história, em outubro de 2013, os papéis da empresa passaram a valer dezessete centavos e eram retirados do índice Ibovespa.

Esse episódio foi (e ainda é) utilizado por muitos para tachar a Bolsa de cassino.[8] A figura excêntrica de Eike, com sua Lamborghini branca dentro da sala de casa e sua capacidade de convencer pessoas inteligentes de coisas que se revelaram assombrosamente distantes da realidade, ajudaram a fortalecer a demonização de "bilionários inescrupulosos", que multiplicam dinheiro explorando a ingenuidade alheia, sem produzir nada de fato.

Em um país onde a desigualdade social é imensa e a pobreza afeta boa parte da população,[9] a notícia de que milhares de pessoas comuns perderam suas economias ao apostar na empresa e nos discursos megalomaníacos de um bilionário excêntrico é a narrativa perfeita para aqueles que têm uma visão deturpada do mercado de ações e querem propagá-la.

Por isso, queremos deixar claro que o mecanismo do mercado de ações não tem funcionamento nada parecido com o de um cassino. Ao contrário dos jogos de azar, a Bolsa contribui muito para a sociedade. Ela serve fundamentalmente para unir uma empresa que precisa de dinheiro para se desenvolver a um poupador que deseja obter um retorno financeiro e está disposto a correr algum risco por isso. No fim dessa troca, um lado obtém dinheiro, e outro, uma fração de uma empresa (e, indiretamente, dividendos e valorização de seu patrimônio com a alta das ações).

VALE A PENA O RISCO?

Assim, quando empresas sérias usam o dinheiro dos investidores para desenvolver seus negócios, isso se reverte em geração de empregos, crescimento e impostos — movimentos que tendem a ser positivos para a economia do país.

Se considerarmos o mundo como ele é hoje sem a existência da Bolsa, as empresas teriam só os bancos para recorrer no momento de colocar de pé ideias ambiciosas, arriscadas, que precisam de grande investimento para se concretizar. Já os bancos não poderiam financiar de uma vez projetos em tantas empresas diferentes, pois há limites para quanto risco uma instituição pode assumir. Logo, muitas iniciativas com alto potencial não iriam para a frente por falta de recursos para viabilizá-las. E nós, investidores, não teríamos a chance de embarcar nas grandes ideias do mundo corporativo, com uma quantia financeira proporcional à nossa realidade, para usufruir de seus lucros futuros.

Compreendemos que, em um mundo e um sistema capitalista, com grandes e onipresentes desigualdades, um discurso de ódio contra empresas e bilionários possa ser mais atraente do que os benefícios que os mercados de ações e capitais podem gerar à sociedade, principalmente para os mais jovens.

Nós, no entanto, temos uma visão que julgamos ser mais objetiva, realista e madura sobre tudo isso. Os mercados de ações e capitais possibilitam que empresas realizem seus projetos e obtenham lucro, ao mesmo tempo que poupadores obtêm rendimentos sobre seu capital. Como não existe almoço nem trabalho grátis, os agentes que operam no meio dessa cadeia são remunerados de acordo com esforço e mérito. Nada mais justo.

Casos como o da OGX, e em menor grau de outras empresas que também deram grandes prejuízos a investidores, mostram, é claro, que se trata de uma dinâmica cheia de imperfeições.

Assim como em outros mercados, convive-se com distorções, ruído e evolução constantes.

Como evitar cair nessas roubadas? Os investidores devem olhar mais para os fundamentos das empresas, que descrevemos anteriormente, do que para promessas de um empresário carismático. Narrativas que surgem na mídia devem ser encaradas com cautela. Lembre-se que o trabalho da imprensa não é recomendar investimentos, e sim noticiar fatos. Por sua natureza, a mídia não é profunda o suficiente e nem consegue trazer a história completa para o investidor. Cabe a você, portanto, buscar mais informações e contexto antes de tomar uma decisão. Além disso, a mídia lida muito mais com o que já aconteceu, e o trabalho do investidor é muitas vezes se antecipar aos fatos. A mesma cautela vale para influencers que, muitas vezes, agem em busca do engajamento fácil, conquistado por meio do sensacionalismo. Não abra mão do olhar crítico nunca e sempre se guie por uma análise racional da empresa na qual pretende investir.

Metas

Se você já ouviu falar na cidade russa de Vladivostok,* provavelmente já participou de alguma rodada do jogo de tabuleiro War. Lançado pela Grow no Brasil, ele é sucesso desde a década de 1970 e exige estratégia, paciência e um pouquinho de sorte (muito parecido com o mercado financeiro). Dependendo dos objetivos sorteados pelos jogadores, uma partida de War pode acabar de maneira muito rápida ou durar horas. Se

---

* Cidade portuária da Rússia, é um dos territórios presentes no tabuleiro do jogo War.

VALE A PENA O RISCO?

a meta é conquistar um dos territórios em que seu adversário está mais fragilizado, pode finalizar em quinze minutos. Se envolver a conquista de muitos territórios e a disputa se acirrar, pode nem acabar no mesmo dia.

Na Bolsa de Valores, as metas traçadas quando você começa a investir também podem ser alcançadas de forma rápida ou demorar alguns anos. Por isso, não recomendamos colocar um prazo para retirar o dinheiro, e sim, focar no seu objetivo financeiro ou nas oportunidades que o mercado apresenta. Ao não vincular o dinheiro investido em ações ao consumo em determinado tempo, você já diminui consideravelmente seus riscos.

As metas são importantes para manter a motivação na hora de investir. Se tiver um objetivo financeiro, como juntar um valor que lhe permita viver de juros se aplicado na renda fixa, você pode vender suas ações quando chegar a essa quantia. Isso pode demorar décadas, ou, como no War, pode-se realizar muito antes do que você previa. Nesse último caso, como dizia a nossa ex-presidente Dilma Rousseff, por que não dobrar a meta?

Mas se o seu objetivo com a Bolsa for ganhar o máximo de dinheiro possível com as ações que você escolheu, pode retirar o dinheiro apenas se não vê mais perspectiva de valorização em determinados ativos. Se a ação de uma empresa já chegou ao teto, está estável por muito tempo e você considera o custo de venda bom, pode tirar uma parte e fazer algo com esse dinheiro — usar para o consumo, investir em renda fixa ou reinvestir no mercado, escolhendo uma nova empresa.

Pela nossa experiência, quem começa a investir em ações, não consegue mais deixar esse hábito. Mesmo que tenha juntado uma quantia substancial e não precise mais dessa valorização, o investidor sempre deixa uma parte em renda variável.

Se isso acontecer com você, não se preocupe; é comum e não vai fazer mal para seus investimentos.

O que deve lhe preocupar são, por exemplo, as narrativas sedutoras divulgadas pela imprensa, por influenciadores, gerentes ou assessores, e que podem levar você a tomar decisões erradas. É preciso prestar atenção às entrelinhas e fazer muitas perguntas para não perder dinheiro.

5
Cuidado com as armadilhas — o mercado é uma história bem contada

EM 2009, A BRITÂNICA *THE ECONOMIST*, umas das mais importantes revistas de economia do mundo, publicou uma capa com a imagem do Cristo Redentor decolando como um foguete, chamando o Brasil de maior história de sucesso da América Latina.[1]

Em catorze páginas, o artigo descreveu o clima de grande otimismo no país, em um cenário no qual os números empolgavam. O Brasil tinha passado praticamente incólume pela crise de 2008, e o PIB brasileiro havia crescido 5,09% naquele ano (em comparação, o PIB dos Estados Unidos crescera apenas 1,3% no mesmo período).

A *Economist* afirmava também que o Brasil tinha mais potencial de crescimento que os outros membros dos Brics.*

---

* Brics é um termo utilizado para designar o grupo de países de economias emergentes formado por Brasil, Rússia, Índia, China e África do Sul.

Ao contrário da China, é uma democracia; ao contrário da Índia, não lida com movimentos insurgentes, conflitos étnicos, religiosos ou vizinhos hostis; ao contrário da Rússia, exporta mais que petróleo e armas e trata investidores estrangeiros com respeito.

Muitos investidores estrangeiros que leram a reportagem podem ter se empolgado com investir no Brasil. Só que, muitas vezes, quando os fatos chegam à manchete dos jornais e revistas, a notícia já é velha. E nessa hora o melhor a se fazer é realizar o lucro — e não comprar. O resultado foi que, em 2013, a capa da mesma revista exibia o Cristo Redentor em uma trajetória desgovernada e apontando para baixo, com a manchete "O Brasil estragou tudo?".[2] A economia havia desacelerado, e o país exibia a menor taxa de crescimento entre os Brics.

Isso não se dá por alguma falha dos meios de comunicação ou distorção do mercado. Podemos falar sobre isso com propriedade, pois já estivemos dos dois lados. Em uma revista como a *Economist* (sabemos que as revistas tinham mais relevância no começo do século do que hoje, mas este exemplo também vale para grandes portais da internet), o que é pauta para uma grande reportagem é o fato presente. Sabemos como é o processo para convencer um chefe de redação a colocar um assunto na capa: o assunto precisa estar quente e, portanto, já precificado, não chega a ser novidade. Já o mercado precifica a expectativa futura. Não há errado nem certo, são só visões distintas de um assunto. Essa diferença temporal explica a defasagem de visões.

Os meios de comunicação também costumam criar frases de efeito e fazer previsões sobre empresas com ações na Bolsa, muitas vezes tomadas como verdade pelos investidores. Algumas delas, publicadas em agosto de 2020, sugeriam que a Magazine Luiza, uma tradicional e famosa varejista conhe-

CUIDADO COM AS ARMADILHAS

cida por vender eletrodomésticos e produtos de linha branca, estava no caminho para se tornar a Amazon brasileira.[3] Isso fez com que investidores comprassem papéis da empresa quando eles já estavam hipervalorizados.

Naquele ano, as ações da Magalu chegaram a valer em Bolsa o equivalente a 186 vezes o lucro que ela geraria em doze meses. A varejista brasileira nunca chegou a se tornar a Amazon. O resultado foi que, desde a máxima histórica, atingida em novembro de 2020, até a metade de 2022, as ações da Magazine Luiza caíram mais de 90%. Claro que devemos levar em conta que ambas atuam em mercados diferentes. A Amazon possui negócios como a AWS (plataforma de computação na nuvem) e o Prime Video (streaming e produtora de filmes e séries), o que faz a comparação das manchetes ser ainda mais fora de propósito. Mesmo no comércio eletrônico, a Magalu não se desenvolveu como a Amazon, e hoje esse lugar de liderança do setor está muito mais próximo do Mercado Livre.

As manchetes costumam perpetuar o retrato do que está acontecendo hoje, enquanto o mercado precifica a perspectiva de rendimento futuro. Você deve ficar atento a essa discrepância para não comprar ações que já dão sinais claros que estão no fim de um ciclo de alta.

No caso da Magalu, o investidor não devia se levar pelas publicações, mas analisar os dados do varejo, de emprego (pessoas desempregadas consomem menos, o que afeta as vendas dos varejistas) e do PIB, além de tudo que tem repercussão no negócio da empresa e no preço da ação. Também deve fazer a análise de múltiplo, das dívidas da empresa e concluir se a ação não estava precificada acima do que realmente valia.

Ignore as manchetes sensacionalistas ou simplistas, e, para o longo prazo, não se apegue às notícias diárias. A melhor maneira de perder dinheiro em ações é lendo todas as notícias o tempo todo e desconsiderando o contexto delas.

Já ouviu falar de Fomo?

Em 2013, o duo de rock alternativo The Black Keys era pouco conhecido no Brasil. Quando seu nome apareceu como a principal atração do Lollapalloza daquele ano, uma de suas músicas, "Lonely Boy", começou a ser tocada nas rádios e a banda aumentou seu fã-clube, parecendo mais uma que "salvaria o rock". Depois do festival, a dupla foi gradualmente voltando ao posto que merece: de apenas uma banda razoável, sem muita relevância. Nada contra quem gosta, mas colocar Black Keys como principal atração de um festival internacional é como chamar o Jota Quest para fechar o Rock in Rio.

Num primeiro momento, muitas pessoas que não conheciam o Black Keys sentiram a necessidade de conhecê-la, já que era a principal atração de um dos principais festivais de música do país. Esse sentimento de não ficar alheio ao que está acontecendo na sociedade chama-se síndrome de Fomo (*fear of missing out*, ou em português, medo de ficar de fora).

Sabe quando estreia uma série sobre a qual está todo mundo comentando ou um show ao qual toda a sua bolha de conhecidos está pensando em ir, e você sente a necessidade de assistir ao seriado e ir ao show só para não ficar perdido nas conversas e nas interações nas redes sociais? Este é o Fomo, que também aflige investidores.

Howard Marks, um dos maiores investidores do mundo, fundador da Oaktree Capital Management,* falou sobre como o Fomo influenciou a decisão de muitos investidores de migrar para as ações durante a crise. "As pessoas pensam: 'Ah, meu Deus! Os títulos públicos estão a quase zero, preciso entrar no mercado de ações, elas vão subir e eu não posso perder essa euforia'. E isso é uma motivação ruim, porque elas se esquecem do medo de perder

---

* Fundo que tem mais de 100 bilhões de dólares de ativos sob gestão.

CUIDADO COM AS ARMADILHAS

o dinheiro."[4] Para ele, é importante que as pessoas não ajam de modo emocional e foquem seus investimentos em "coisas com valor intrínseco alto e custando menos do que valem".

Em resumo: não compre algo porque todo mundo está comprando, sem entender se é o momento certo, sem uma análise mais profunda ou sem refletir se aquele ativo serve para você. Nem tudo o que está na moda serve para todos, e não há nada de errado nisso. O especialista norte-americano em psicologia financeira Brad Klontz fala sobre algumas estratégias para evitar esse sentimento na hora de investir:

> O instinto de rebanho é bom quando você está em uma sociedade primitiva. Se todo mundo está fugindo de um leão, você também deveria. [...] Embora tenha nos ajudado a sobreviver em toda a Pré-História, esse instinto é ruim quando você está tomando decisões financeiras hoje em dia. Quando todo mundo está entrando em criptomoeda, somos programados para acreditar que devemos nos juntar a eles. Em um nível psicológico profundo, parece uma ameaça à nossa sobrevivência não entrar nessa. Então, temos que continuar percebendo e combatendo nossos instintos naturais. Sempre analise a situação, evite o excesso de confiança e mantenha a mente aberta.

Nos últimos anos, surgiram diversos modismos que foram abraçados por investidores. O ETF de ações chinesas XINA11 — ou outros fundos expostos à China — era quase unanimidade entre assessores e especialistas entre 2020 e 2021 (de fevereiro de 2021 ao final de 2022, ele caiu mais de 50%). Muitos também aderiram aos COES sem nem saber o motivo. Sigla para Certificado de Operações Estruturadas é, em resumo, um pacote de vários investimentos que são vendidos junto a vários investimentos — como ações internacionais, dólar, ouro. Só que o pacote é entregue fechado e você não consegue ver como os investimentos foram combinados lá dentro. Dessa forma, o investidor não consegue calcular o retorno esperado.

Diversos ipos de procedência duvidosa, tanto em ações quanto em fundos imobiliários, oferecidos como se fossem a última grande oportunidade da vida, também encantaram investidores desavisados.

Não ficar mexendo tanto na carteira, tentando seguir modismos, também pode ser uma estratégia para não cair nas armadilhas criadas pelo Fomo. Florian Bartunek, gestor de fundos de ações brasileiro, uma vez disse uma frase, em uma conversa conosco, que resume bem essa ideia: "Passarinho que se mexe demais, uma hora leva chumbo".

Interesses ocultos

O analista de investimentos é, basicamente, o profissional que auxilia o investidor na hora de tomar a decisão de onde colocar o seu dinheiro e depois sugere mudanças de rota, de papel e produtos, quando julgar necessário. Ele faz isso com base na análise das condições da economia do país, do mundo, do horizonte para o setor e dos números divulgados nos balanços das empresas. Os analistas fazem projeções do preço justo de um papel e recomendam a compra, venda ou apenas a manutenção daquele ativo.

Existem analistas independentes, analistas que trabalham em casas de análise e os que trabalham em bancos e corretoras. Embora os analistas independentes e as casas de análise possam ter seus conflitos de interesses (ele conseguiria ser sincero caso uma empresa que ele adora e acabou de recomendar compra soltar uma notícia extremamente negativa?), para os analistas de bancos e corretoras esses conflitos são mais evidentes.

CUIDADO COM AS ARMADILHAS

A renda principal das instituições financeiras não vem das recomendações, mas de empréstimos, taxas e outras fontes de receita ligadas diretamente às decisões dos investidores, como na coordenação de um IPO.

A instituição coordenadora da oferta é responsável por organizar as ofertas públicas de ações, debêntures, notas promissórias comerciais e outros valores mobiliários de uma companhia. Esses papéis serão vendidos a clientes institucionais e também de varejo, e o coordenador da oferta terá uma comissão pelas vendas. E essa comissão costuma ser polpuda. Apenas como referência de valor, quando a empresa de energia Raízen realizou seu IPO, o maior de 2021, foram pagos mais de 120 milhões de reais aos coordenadores da oferta, o que equivale a 2% do total gasto para fazer o IPO.

Caso as ações desse IPO sejam muito procuradas, a comissão do banco é maior e a do analista também. Portanto, um analista de um banco ou corretora dá a recomendação "de graça" para os clientes, mas com o interesse de que as ações sejam compradas. Como pode o analista ter isenção para recomendar a compra ou venda de uma ação que o local onde trabalha lucrará com a compra? A instituição financeira é remunerada para fazer você aderir ao que ele defende no relatório. O incentivo principal do analista não é dar a melhor recomendação, mas sim bater as metas internas do banco ou corretora. Por isso brincamos que eles têm a liberdade de falar tudo o que acreditam, desde que falem bem daquela empresa cujo IPO estão coordenando. Há a chamada "chinese wall", que em tese separa a opinião do analista dos interesses da instituição, mas na prática o CEO está acima dessa parede e é a quem, em última instância, o analista responde.

Claro que, quanto mais seus clientes ganham dinheiro e estão felizes, melhor para eles, mas isso não é determinante para seu negócio, especialmente no curto prazo. Muitas ve-

SEM MEDO DE INVESTIR EM AÇÕES

zes, há conflitos de interesse por trás de suas recomendações. Não conhecemos um caso em que a instituição financeira que coordenou o IPO de uma companhia deu recomendação de venda de suas ações. Entre 2020 e 2021, dos 25 maiores IPOs no Brasil, dezenove tiveram recomendações de compra pelos bancos coordenadores (nas outras seis, as recomendações não foram encontradas).[5] Mera coincidência? Nunca saberemos — e este é o problema.

Mesmo que precisem se esforçar para justificar o injustificável, tentam convencer que aquela empresa da qual estão fazendo o IPO é um bom negócio. No curto prazo, uma história bem contada pode convencer os investidores.

No livro *Tudo ou nada: Eike Batista e a verdadeira história do grupo X*, da jornalista Malu Gaspar, há um trecho — no momento em que a OGX se prepara para fazer seu IPO — que exemplifica essa falta de independência dos analistas. Os quatro analistas dos bancos contratados para o IPO — Credit Suisse, Itaú BBA, Pactual e Merrill Lynch — se reuniriam com os representantes da petroleira, que tentaria impressioná-los para que os relatórios fossem favoráveis à empresa:

> Como eram os maiores especialistas em petróleo de cada banco, em tese seria crucial impressioná-los. Mas só em tese. Na prática, tais apresentações não tiravam um pingo de sono dos executivos. Os analistas, afinal, eram funcionários dos bancos interessados em faturar com o IPO. Não só para os da OGX, mas para a maior parte dos diretores das companhias que se preparavam para realizar uma oferta pública ao mercado, a função dos analistas não era orientar investidores, e sim vender a empresa em nome de seus donos.

Ela também coloca em dúvida a eficácia da Chinese Wall na prática e cita um executivo envolvido na oferta pública do grupo X: "Todo mundo no mercado sabe que, se o cliente quer

CUIDADO COM AS ARMADILHAS

que a empresa valha 10 bilhões, o relatório do analista vai dar 10 bilhões. É uma conta de chegada". No final, o único relatório que apontava riscos de investir na empresa de Eike foi o da Merrill Lynch, o que, claro, deixou os sócios da empresa muito irritados. A corretora foi retirada do IPO da OGX e se transformou em "instituição non grata" pelos seus sócios.

Viés de confirmação

O perigo dessas recomendações ocorre quando as narrativas encontram respaldo no que você mesmo acredita.

Se uma narrativa, vinda de uma pessoa que quer ganhar o seu dinheiro, vai ao encontro do seu viés, a tendência é você começar a não enxergar os fatos como realmente são. A tendência é a narrativa se consolidar, e você parar de questionar. É o chamado viés de confirmação.

Foi o psicólogo Peter Wason quem descobriu esse efeito nos anos 1960. Ele ocorre quando uma pessoa busca apenas informações que corroboram o entendimento dela, deixando de lado os dados que possam não compactuar com o que ela pensa. Se, por exemplo, você gosta de uma banda, como o Salomão adora os Ramones, você irá buscar reportagens e resenhas que confirmem que aquela é a melhor banda do mundo e, automaticamente, conseguirá rebater os haters (aliás, se um dia você se encontrar com o Salomão, por favor não fale mal dos Ramones pra ele).

O viés de confirmação adultera a maneira como você busca as informações. Além disso, influencia a forma como você interpreta os dados, a maneira como os lembra e até mesmo a sua retenção de lembranças.

Quando você está sob efeito desse viés, compra um ativo que julga promissor e busca informações e dados que vão dar razão ao que considera como escolha correta. Ao mesmo tempo, descarta informações que podem evitar que você caia em uma furada e perca dinheiro.

Para que isso não aconteça, é preciso que você desenvolva um olhar crítico na hora de ler um relatório ou uma notícia sobre determinada ação. Também aconselhamos conversar ou se informar com quem tem uma visão diferente, até oposta à sua. A pessoa pode trazer dados e opiniões que você não tinha pensado. Só assim você poderá perceber se seus argumentos são sólidos. Vale mais tirar lições verdadeiras desse embate de ideias do que ganhar a discussão — e possivelmente perder dinheiro.

Não fuja do novo

Em fevereiro de 1995, Clifford Stoll, astrofísico norte-americano e chefe do setor de Informática do Lawrence Berkeley National Laboratory, escreveu um artigo para a renomada revista *Newsweek* chamado "Why the Web Won't Be Nirvana" (Por que a internet não será um nirvana).

No texto, ele se mostrava cético sobre a utilidade dessa inovação, defendendo que a vida não mudaria muito depois da internet. Stoll também não achava que o comércio eletrônico teria futuro:

> Compramos passagens aéreas pela rede, fazemos reservas em restaurantes e negociamos contratos de venda. As lojas ficarão obsoletas. Então, por que o shopping local faz mais negócios em uma tarde do que toda a internet em um mês? Mesmo que houvesse uma maneira confiável de enviar dinheiro pela internet — o que não existe —, a rede está perdendo um ingrediente essencial do capitalismo: vendedores.[6]

CUIDADO COM AS ARMADILHAS

O texto envelheceu mal, e suas previsões não foram muito precisas, para dizer o mínimo.* Na famosa entrevista de David Letterman, um dos mais respeitados apresentadores de talk shows dos Estados Unidos, com Bill Gates, fundador da Microsoft, em 1995, o entrevistador também ironizou a função da internet. "É fácil criticar algo que você não entende completamente, como é a minha posição aqui, mas eu me lembro que há pouco tempo houve um grande anúncio de que você poderia ouvir um jogo de baseball no seu computador e eu pensei comigo mesmo: 'Será que não ouviram falar do rádio?'."

Gates rebateu: "Há uma diferença. Você pode escutar quando quiser". E Letterman, novamente, resistente às transformações que aquela nova ferramenta traria, retrucou, com sua costumeira ironia: "Ah, sim, entendo. Mas e gravadores, você já ouviu falar deles?".

Ainda nos primórdios da vida on-line, ninguém imaginava que surgiriam ferramentas dentro da internet que mudariam completamente como as pessoas iriam se relacionar, se divertir, se locomover, trabalhar e consumir. Soluções trazidas por empresas como Google, Facebook, Uber e Airbnb não apareciam nem em obras de ficção científica.

Hoje se levantam dúvidas parecidas sobre o metaverso. Será que conseguirá mudar o modo como nos relacionamos, como fez o Facebook? Ou sobre as fintechs? Será que elas conseguirão ocupar o espaço dos grandes bancos? Tudo o que é novo gera desconfiança e, muitas vezes, resistência.

Não estamos dizendo que as fintechs ou o metaverso serão o nirvana, mas, enquanto você lê este livro, pode estar surgindo uma solução de mercado para um problema que você não

---

* O número de usuários de comércio eletrônico em todo o mundo atingiu mais de 3,4 bilhões em 2020.

sabia que tinha. E o investidor, ao resistir a essas novidades, pode perder chances de participar dessas inovações.

Um estudo realizado na Universidade do Texas, em 2011, mostrou como o ser humano tem medo do desconhecido e prefere correr riscos passivamente no status quo do que se aventurar em algo novo. Os psicólogos se referem a isso como o viés de omissão. Os pesquisadores usaram o exemplo da vacinação, em que os indivíduos relutam em tomar ações supostamente arriscadas, como se vacinar, e preferem arcar com riscos muito maiores quando permanecem passivos.[7]

A armadilha pode fazer com que você perca boas oportunidades de turbinar seus investimentos. Não é porque algo não dá lucro ou não é relevante hoje que não vai ser daqui a uns anos. Não se pode cair em eventuais julgamentos de analistas de mercado ou jornalistas que descartam de uma vez qualquer inovação, recomendando apenas ações de empresas consagradas, com o negócio consolidado — que às vezes pode se tornar obsoleto. É algo natural do ser humano perpetuar o status quo, mas na hora de investir isso pode significar deixar de ganhar (muito) dinheiro.

Se você fechar as portas para empresas de inovação, pode perder a chance de comprar ações de um novo Google, por exemplo. Desde o seu ipo, em 2004, até 2020, as ações da empresa valorizaram 3530,86%, mesmo sem pagar dividendos. A Nasdaq, índice norte-americano de empresas de tecnologia e inovação, teve alta de 529% no mesmo período.

No entanto, o contrário também é verdadeiro. Não recomendamos investir de olhos vendados na primeira empresa de tecnologia que esteja ganhando manchetes na imprensa como o negócio do futuro. Até porque a maioria das inovações de hoje não dará em nada.

Quando se trata de novidade, é preciso analisar se a empresa está trazendo algo realmente novo, útil, conseguindo

CUIDADO COM AS ARMADILHAS

uma boa base de clientes, adesão das pessoas e se o seu modelo de negócio é sustentável por anos. Também é bom saber quem são seus executivos, o que pensam, o que já realizaram e quem está investindo na empresa. Recomendamos que faça um estudo profundo para saber se vale ou não a pena comprar aquela ação.

O efeito Dunning-Kruger

Com a grande adesão das pessoas às redes sociais, um fenômeno ganhou maior evidência e parece ter se disseminado em diversas áreas do conhecimento. É o efeito Dunning-Kruger. Ele acontece quando uma pessoa que mal conhece um assunto superestima sua própria capacidade e começa a se achar especialista naquele tema. Não se trata de mentira ou farsa. É um viés cognitivo em que a pessoa realmente acredita que domina muito um assunto.

O estudo inicial sobre esse comportamento foi feito em 1999 pelos professores de psicologia norte-americanos David Dunning e Justin Kruger. A dupla conduziu um teste com voluntários que envolvia responder perguntas de lógica e gramática. Antes de revelarem os resultados, os pesquisadores pediram às pessoas que avaliassem suas próprias performances. Os que ficaram com as melhores classificações subestimaram seus resultados, acreditando estar na média ou pouco acima dela. Já os que erraram mais perguntas eram os que mais se superestimavam. Quase todos desse grupo classificaram a si mesmos entre os 33% melhores.

Foi então que os pesquisadores concluíram que muita gente que não entende nada sobre um assunto tem certeza de que sabe muito. Isso acontece porque quem ainda não domina algo

Efeito Dunning-Kruger

ignora toda a dimensão do assunto e, portanto, não sabe quanto falta para conhecer tudo.

No mercado financeiro, quando você começa a acertar e ganhar dinheiro com ações, pode ser acometido pelo efeito Dunning-Kruger, achando que domina os movimentos do mercado. É aí que muitos investidores se empolgam, menosprezam os riscos e passam a investir mais em ações e com menos prudência. Aí vem o mercado para relembrar que você não sabe tanto quanto imaginava e te faz cair do cavalo.

Mesmo quem conhece a fundo as dinâmicas de mercado erra em alguns momentos. Para quem acha que conhece, a chance de errar é ainda maior. Não se pode lidar com o mercado de ações como uma criança quando ganha um brinquedo novo, que sai se divertindo antes de ler como ele funciona. Se o brinquedo quebra, a brincadeira perde a graça.

Ao achar que domina todas as habilidades, você também pode ficar apegado às suas escolhas — afinal, você não erra —, em vez de reconhecer um equívoco e mudar de ideia antes de perder

CUIDADO COM AS ARMADILHAS

muito dinheiro. É importante saber que, às vezes, terá que desmanchar o que fez e aceitar que suas escolhas deram errado.

Para evitar essas armadilhas, é preciso, acima de tudo, ter humildade e saber que você nunca vai saber o momento preciso de comprar e de vender. Você não precisa ter resposta para tudo — principalmente sobre os movimentos de curto prazo do mercado.

Em um artigo publicado no *Brazil Journal* em 2019,[8] Artur Wichmann, que trabalhava no fundo Verde, narra uma reunião da qual participou com o gestor de fundos Luis Stuhlberger e o megainvestidor norte-americano George Soros dez anos antes. Enquanto discutiam os rumos da economia depois da crise de 2008, Stuhlberger o questionou sobre o que deviam fazer caso a economia não se reequilibrasse. Segundo Wichmann, Soros apenas sorriu e disse: "Eu não sei".

A conclusão é: se dois gênios do mercado não sabem tudo o que vai acontecer, por que você acha que deveria saber? E não saber de tudo não faz deles investidores ruins — a própria rentabilidade histórica dos fundos que administram mostra que são ótimos.

O efeito Dunning-Kruger pode ser observado principalmente entre os "falsos gurus". O que mais encontramos ultimamente na internet são pessoas que estudaram por dois ou três anos e posam como especialistas em tudo em canais no YouTube, TikTok e outras redes sociais. Cuidado com esses falsos gurus, pois no fundo nem eles sabem que são ruins. Talvez realmente acreditem que são bons porque caíram na cilada do Dunning-Kruger. Eles podem se enganar, mas você não precisa ser enganado por eles.

Por outro lado, tem gente que, por excesso de humildade, ou por não ter segurança ou tempo para escolher as melhores ações para seu portfólio, prefere delegar essa tarefa e comprar os chamados Fundos de Ações.

6
Quando recorrer aos fundos de ações

NÃO É FÁCIL DELEGAR. Quando uma tarefa é importante para você e gera impacto em sua vida — como cuidar do seu dinheiro —, sabemos que é ainda mais complicado. É como aquele ditado: "Se quer algo bem-feito, faça você mesmo".

Incumbir alguém de fazer algo por você muitas vezes pode ser confundido com preguiça, o que nem sempre é verdade. Por outro lado, se você decide fazer algo mesmo sem ter tempo ou disposição (ou experiência e conhecimento) para se dedicar àquilo, deixa de se abrir para novas soluções que podem otimizar outras áreas da sua vida. Não é preguiça nem perda de tempo se você delegar para alguém que saiba o que faz.

Delegar a decisão de investir em ações para gestores de fundos é, em certos contextos, uma opção acertada, em nossa opinião. Se você realmente não tem tempo para acompanhar as oscilações da Bolsa ou, depois de conhecer o mecanismo do mercado, ainda assim acredita que alguém fará esse trabalho

QUANDO RECORRER AOS FUNDOS DE AÇÕES

melhor que você, o mais sensato é deixar essa tarefa para um profissional especializado.

Você só precisa ter em mente que, óbvio, assumirá o risco de o gestor errar, e por isso pagará um preço. É como contratar um encanador para consertar o vazamento da pia de sua cozinha. Você até pode decidir, em vez disso, assistir a um tutorial no YouTube e tentar arrumar por conta própria, mas pode ser que cause um problema ainda maior. Pagar um profissional especializado, ao contrário, tende a garantir um trabalho mais bem-feito do que o seu. Às vezes, a economia inicial de não contratar um especialista pode trazer um prejuízo maior do que bancar um profissional.

É aí que entram os fundos de ações. Como o próprio nome sugere, eles são fundos de investimento cujo principal ativo são ações de empresas (mais precisamente, esses fundos precisam ter 67% do capital aplicado em ações, no mínimo). Neles, quem vai definir onde seu dinheiro será alocado e qual estratégia será seguida é um gestor profissional. Você, como cotista do fundo, terá zero de influência ou interferência na tomada de decisão do gestor.

Ao investir num FIA (sigla para fundo de ações), você está comprando cotas desse fundo. Como em qualquer serviço que você contrata, é sugerido pesquisar o preço. Existem duas taxas principais em todos os fundos de ações: a taxa de administração e a de performance. A taxa de administração incide sobre o patrimônio mantido por quem investe. Ela é divulgada como um percentual anual, mas a cobrança ocorre diariamente, de maneira proporcional. A esmagadora maioria dos fundos de ações cobra 2% ao ano, mais do que isso consideramos abusivo.

Já a taxa de performance é uma remuneração baseada no resultado alcançado pelo fundo. Equivale a um bônus cobrado pelo gestor por ter conseguido superar a meta previamente estabelecida. Em geral, os FIAS adotam como "benchmark" (referencial) para essa meta o Ibovespa e cobram 20% sobre o rendimento que exceder o índice.

Fica mais fácil dar um exemplo: se, em determinado ano, o fundo hipotético "Cubatão FIA" rendeu 15% e o Ibovespa subiu 10%, o gestor do Cubatão FIA receberá 20% da performance excedente (excedente = 15% – 10% = 5%). Ou seja, ele ficará com 1% dos 5% que excederam o benchmark. No final, em vez de ganhar 15%, você fica com 14% e o gestor leva 1% de bônus por ter excedido a meta. Justo, não?

Investimento	Rendimento Fundo	Rendimento Ibovespa	Rendimento do Investidor	Bônus do gestor
R$ 1000	15%	10%	R$ 140	R$ 10

É importante frisar que esse bônus já é descontado do seu rendimento e, normalmente, não é discriminado no extrato da corretora.

Afinal, ao investir num fundo de ações, você está delegando a tomada de decisão de investimento para um profissional que se dedica "24 × 7" (24 horas por dia, sete dias por semana) a acompanhar o mercado atrás das melhores oportunidades. Em geral, o gestor de um fundo tem anos ou décadas de experiência na Bolsa e conta com uma equipe altamente capacitada, que precisa de um salário para exercer suas funções. Eles contam com as principais ferramentas, plataformas e serviços financeiros pagos para ser mais assertivos em suas análises. Tudo isso custa um preço. É aí que entram as taxas.

QUANDO RECORRER AOS FUNDOS DE AÇÕES

Investir em fundos tem muitas vantagens em relação a investir por conta própria, principalmente se você é um leigo em ações ou não tem tempo para se dedicar. No entanto, algumas ressalvas precisam ser feitas e você precisa levá-las em consideração antes de tomar essa decisão de virar cotista de um fundo ou até quando você conversar com seu assessor de investimentos e quiser resgatar algum fundo que ele considera maravilhoso. Daremos essas dicas nas próximas linhas.

Vantagens e desvantagens de se investir por meio de fundos

No Brasil, a profissão de treinador de futebol é instável. O carioca Otto Glória, que dirigiu diversos grandes clubes e levou a seleção portuguesa ao terceiro lugar da Copa do Mundo de 1966, resumiu bem a imprevisibilidade da profissão: "Quando se perde, o treinador é chamado de besta; quando vence, de bestial" — que, em Portugal, significa "bom". O técnico Mário Sérgio Pontes de Paiva, que infelizmente nos deixou na queda do avião da Chapecoense, treinou onze clubes brasileiros após uma bem-sucedida carreira como jogador. Em 2007, ele foi demitido do Botafogo depois de apenas oito dias de trabalho e três derrotas seguidas. Ainda hoje, são poucos os que conseguem chegar a um ano no cargo em um grande clube brasileiro.

O gestor de um grande fundo sofre uma pressão semelhante à dos treinadores: a de não poder errar. Assim como os treinadores lidam com a paixão de milhões de pessoas, o gestor está lidando com dinheiro — normalmente uma enorme quantia — que não lhe pertence.

Para enfrentar esse desafio, há gestores mais arrojados e outros conservadores. Na comparação com os técnicos de futebol, seria o treinador mais retranqueiro, que gosta de armar uma boa defesa, sem correr tanto risco, e o mais arrojado, que gosta de jogar no ataque, mas por vezes deixa a defesa exposta.

Um dos técnicos retranqueiros mais vencedores da história recente de nosso futebol é Muricy Ramalho, tricampeão brasileiro pelo São Paulo em 2006, 2007 e 2008. Seu estilo foi apelidado pelo jornalista esportivo Mauro Cezar Pereira de "Muricybol", que apostava na retranca e aproveitava o erro dos adversários, alçando a bola para a área, para ganhar os jogos. E muitas vezes dava certo. Assim como Muricy, os gestores retranqueiros nunca conseguirão goleadas fantásticas, ou seja, um grande rendimento num curto período de tempo, mas precisam apresentar ganhos consistentes para sobreviver no mercado.

O fato de esse tipo de fundo ser obrigado a aplicar no mínimo 67% do seu patrimônio em ações tal estratégia, já que o gestor mais conservador pode investir 33% em ativos mais seguros, como títulos do Tesouro e ouro. Isso, claro, tem uma vantagem: quanto menos o gestor se arrisca, menos dinheiro perde. As oscilações também são menores.

No futebol brasileiro, o oposto do "Muricybol" é o "Dinizismo", apelido dado ao estilo de jogo criado pelo técnico Fernando Diniz. Com uma proposta ofensiva e de toque de bola, admirada por muitos comentaristas esportivos, Diniz faz com que seus times consigam muitas vezes resultados expressivos, com grandes goleadas, além de encantar pelo jogo bonito. Ao mesmo tempo, suas equipes correm muitos riscos. Tanto que ele conseguiu seu primeiro título mais de dez anos após começar a carreira de treinador — o Campeonato Carioca, pelo Fluminense, em 2023.

Nossa analogia comparando Muricy e Diniz pode até parecer descabida pela diferença de títulos conquistados por cada

QUANDO RECORRER AOS FUNDOS DE AÇÕES

treinador até o fim de 2022. Não se esqueça, porém, que o mercado financeiro é diferente do futebol. Aqui não é preciso ser o campeão para ser vencedor. Se alguém ganhar mais que você, você também será vencedor. A disputa é com você mesmo, não com outros investidores.

Em épocas de bull market — quando o mercado de ações rende muito mais que outros tipos de investimento —, um fundo de ações arrojado tem chances de render muito mais que o Ibovespa do que fundos conservadores. Da mesma forma, quando o mercado está em tendência de baixa, esses fundos podem apresentar perdas maiores.

A boa notícia é que, no seu time, você pode ter os dois técnicos. Na sua carteira de investimentos, você pode mesclar cotas de fundos mais conservadores com mais arrojados e equilibrá-los de acordo com seu perfil.

Quem investe em fundos tem que lidar com a questão da liquidez, ou seja, sair do fundo demora muito mais do que entrar por causa da regra do D+30. Essa regra estipula que, quando você pede resgate, o dinheiro só entrará na sua conta depois de trinta dias, pelo valor da cota no dia 30. Isso tem duas funções: impedir que você tome decisões precipitadas e saia do fundo na hora errada, ou seja, vendendo tudo na baixa; e proteger o gestor de saques em massa que poderiam obrigá-lo a vender bons papéis no pior momento.

Em bom português: a maioria dos fundos de ações e multimercados tem prazo de resgate de trinta dias, alguns até mais. Isso significa que se você pedir o resgate do investimento nesses veículos, vai demorar pelo menos trinta dias corridos para ter acesso ao dinheiro — se investir em ações direto na Bolsa, por exemplo, o prazo para ter esse dinheiro é de dois dias.

Eu alerto para isso, pois esse é o maior entrave usado por investidores que não querem aplicar em fundos. Esse prazo de resgate longo não existe porque o gestor é malvado, mas para ajudar no trabalho de gerir o fundo. E, de quebra, ajuda o próprio cotista a ter mais disciplina e não agir por emoção na hora de entrar e sair do mercado. Vamos explicar cada um desses pontos.

Primeiro na vida do gestor: o prazo de resgate é o que deixa o gestor e sua equipe trabalharem com mais tranquilidade na hora de montar uma carteira de investimentos. Isso porque a grande maioria das ações investidas por um fundo tem horizonte de investimento em longo prazo — ou seja, pretendem carregá-las por meses e até anos no portfólio. Se um cotista decidir resgatar o dinheiro no meio do processo e o gestor não tiver dinheiro em caixa para atender esse resgate, ele teria que vender alguma das ações para fazer caixa e entregar o valor para o desistente. Com o prazo de resgate de trinta, sessenta ou até mais dias, ele pode fazer esse manejo na carteira de forma bem mais calma, não prejudicando assim a performance.

Já para o cotista, ter esse prazo de resgate pode ajudar a não cometer o erro mais comum do investidor, que é vender na baixa e comprar na alta. Motivado pela emoção, muitos investidores acabam vendendo ações nos momentos de pânico, em que tudo parece que vai dar errado — quando, na verdade, essa é a melhor hora para comprar. O oposto também é verdade: muitos investidores correm para comprar ações justamente no momento máximo de euforia, quando as coisas estão caras e o certo seria vender.

Em resumo, os fundos têm a vantagem de contar com uma equipe qualificada e profissional, que cuidará do seu dinheiro em tempo integral e adotará estratégias que apenas gestores capacitados estão aptos a elaborar. Também, por serem mais criteriosos na escolha do portfólio, tendem a tomar decisões menos voláteis do que em uma carteira pessoal. Em contrapartida, você tem a desvantagem de pagar uma taxa para deixar

QUANDO RECORRER AOS FUNDOS DE AÇÕES

seu dinheiro neles — é como o preço que você paga para o encanador fazer bem o trabalho em vez de correr o risco de causar um vazamento ainda maior na pia —, que não é barata.

Há ainda, no investimento por meio de fundos, a questão da confiança no gestor, mesmo sem saber exatamente o que ele fará com seu dinheiro. Em um fundo de ações, não há como prever quais ações serão escolhidas para fazer parte do portfólio. No entanto, é possível seguir alguns critérios consistentes para escolher em quais deles você pode apostar suas fichas com alguma segurança.

Como escolher o melhor fundo

É difícil comprar um produto ou serviço do qual você não tem referência nenhuma. Quando foi almoçar em um restaurante de comida amazônica em São Paulo (sem nunca ter ido para a Amazônia), Renato pediu um pato com tucupi. Para quem não conhece, o tucupi é um caldo amarelo extraído da raiz da mandioca brava, usado em diversas receitas na região Norte do país — a mais famosa delas é o pato no tucupi. Ele gostou, mas não tinha referência se aquele tucupi era melhor ou pior que os outros, pois foi o primeiro que experimentou na vida.

A mesma coisa pode ocorrer na hora de escolher um fundo de ações. Como encontrar o melhor se você nunca investiu em um antes? Hoje há muitas opções no mercado, e escolher uma delas não é fácil. Mas, assim como antes de ir ao restaurante você pode ler avaliações e críticas de outros clientes, também há critérios que podem lhe direcionar na escolha de um fundo com o qual se identifique.

Para começar, analise os números. Eles não devem definir sua decisão final, mas podem ser um ponto de partida para a escolha. É comum as pessoas começarem olhando a performance dos últimos doze meses. Cuidado com isso: pode olhar os doze meses, mas tenha em mente que esse é um prazo muito curto e essa performance pode ser pontual. Muitas vezes, investir assim pode ser o mesmo que perguntar para um ganhador da Mega-Sena quais são os próximos seis números a ser sorteados.

O outro lado da moeda também existe. Ao avaliar a trajetória de um fundo apenas no curto prazo, você também corre o risco de abrir mão de excelentes produtos. Tome como exemplo o fundo Vista Multiestratégia. Historicamente um dos melhores da indústria, seu gestor, João Landau, foi o primeiro convidado do Market Makers, em julho de 2022. Na época, o fundo tinha uma das melhores rentabilidades da indústria em todas as janelas.

Mas quem olha para os últimos doze meses em maio de 2023 encontra uma rentabilidade de –30%. Isso quer dizer que o fundo ficou ruim e o gestor desaprendeu? Vou deixar os números de janelas mais longas responderem:

24 meses: 12,06%;

36 meses: 43,37%;

48 meses: 113,24%;

60 meses: 117,37%.

No total, desde 2015, o produto rendeu 436,51%, ou 436,51% do CDI.

Fique atento também, portanto, aos últimos 24, 36, 48, 60 meses, para entender como é o comportamento desse fundo em prazos mais longos se comparado ao Ibovespa ou outros fundos. É importante você saber que a dinâmica de um fundo difere da Bolsa. Ao contrário das ações, nos fundos, quando o mercado está bom para captar, está ruim para investir e vice-versa. Significa que, quando o mercado cai e as ações estão baratas para comprar, o gestor não consegue adquiri-las, pois há muito resgate de cotas, e o gestor precisa vender as ações para pagar esses

QUANDO RECORRER AOS FUNDOS DE AÇÕES

resgates. Quando a Bolsa está cara, por outro lado, é comum que as pessoas invistam em fundos, que acumulam dinheiro, mas não têm muitas oportunidades boas de investimento.

Por isso, diferentemente das ações, a queda recorrente do valor do fundo não abre oportunidade de compra de cota. Pelo contrário, pode sinalizar que a estratégia do fundo não está boa, o que significa que haverá resgates, podendo ocasionar mais quedas no valor das cotas. E quando as cotas de um fundo sobem, não significa que já atingiram a máxima e que cairão. A tendência é que continuem subindo se o gestor seguir fazendo um bom trabalho.

A partir daí, observe a relação entre retorno e volatilidade nos últimos cinco anos. A volatilidade nada mais é que a oscilação do preço da cota em determinado período de tempo. Um fundo menos volátil correu muito menos risco para ter o mesmo retorno que outro que oscilou mais. Você pode investir nesse segundo perfil de fundo para tentar ganhar mais, porém deve estar ciente de que, em momentos de estresse do mercado, também pode perder mais. Fundos menos voláteis trarão menos emoções — nos ganhos e nas perdas.

Uma boa ferramenta para analisar essas variantes é o Índice de Sharpe. Criado pelo Nobel de Economia em 1990, o norte-americano William Sharpe, o índice é o resultado de uma fórmula que busca identificar o investimento com o maior retorno para o risco que o gestor correu. A utilização desse índice evita que você caia na armadilha de apenas levar em conta o retorno do fundo para considerá-lo bom ou não. Como diz o chavão do mercado, "retorno passado nunca é garantia de retorno futuro". Adoro essa frase, ela vale tanto pro mundo dos investimentos quanto para as relações conjugais.

O Índice de Sharpe é calculado da seguinte forma: você subtrai o retorno do ativo analisado (no caso, o fundo) pela

SEM MEDO DE INVESTIR EM AÇÕES

taxa livre de risco (que é o retorno do investimento com o menor nível de risco existente no mercado — no nosso caso, o CDI) e divide o resultado pela volatilidade do ativo (aqui, você usa a volatilidade estimada pelo fundo).

O ideal é investir em fundos com o IS acima de 1.0, pois significa que, descontada a taxa livre de risco, o retorno do fundo superou a volatilidade-alvo dele — em outras palavras: o risco que você correu compensou o retorno. Se o IS ficou abaixo de 1.0, tudo bem: ele ainda deu retorno positivo, mas abaixo da volatilidade-alvo.

Fique atento se o IS ficar muito próximo de zero e cuidado especial se ficar negativo (abaixo de zero). Lembrando que um IS baixo não significa que o retorno dele foi ruim em termos absolutos, apenas que foi baixo quando se compara com a volatilidade estimada. Além disso, lembre-se que estamos no Brasil, um país que historicamente tem uma taxa livre de risco muito alta, o que pode achatar qualquer IS.

Já existem muitos sites gratuitos que calculam o Índice de Sharpe dos fundos. Caso você tenha interesse, envie uma mensagem no meu Instagram (@salomoney_) dizendo que acabou de ler este trecho do nosso livro e eu terei prazer em te indicar alguns sites.

As características dos fundos

Depois de se debruçar sobre os números, o próximo passo é pesquisar a idade e o tamanho do fundo. Se ele tem menos de cinco anos, talvez não tenha enfrentado tantas situações adversas e seja mais difícil analisá-lo. Se sobreviveu por mais de vinte anos no mercado, já tem um histórico que pode ser levado em conta para uma análise mais profunda.

QUANDO RECORRER AOS FUNDOS DE AÇÕES

Não que os fundos mais jovens devam ser evitados. Eles têm a vantagem de, via de regra, não ter uma carteira tão volumosa, o que faz com que não sofram tanta pressão. Também são capazes de investir em empresas promissoras, mas que ainda não apresentaram resultados concretos — como companhias que ainda não reportam lucro, as quais os grandes fundos evitam. Muitos desses fundos têm gestores com larga experiência no mercado financeiro, que farão de tudo para conseguir um grande resultado nos primeiros anos, pois, do contrário, dificilmente sobreviverão.

Já uma gestora com histórico longo tem a experiência de ter enfrentado muitos cenários adversos e, consequentemente, é provável que saiba lidar melhor com crises em momentos turbulentos que possam surgir à frente.

Não há opção certa ou errada aqui. O ideal é mesclar e investir em fundos consolidados, que ainda entregam resultados acima da curva, e colocar um dinheiro para um investimento mais arrojado em fundos novos, que podem entregar rendimentos melhores, pelo menos no curto prazo.

Conheça as pessoas

Não é só idade e tamanho que devem ser levados em conta na hora de escolher um fundo de investimento, é preciso também conhecer a equipe por trás dele. O gestor tem um histórico de entregar resultados acima da média e consistentes? Quem são as pessoas contratadas? Há uma troca intensa de membros da equipe?

Muitas vezes é possível encontrar essas informações no perfil da gestora no LinkedIn ou em seu próprio site. A rede social também pode ser um canal de interação com os gestores para

SEM MEDO DE INVESTIR EM AÇÕES

saber mais sobre as pessoas que fazem parte das equipes. Se forem acessíveis e responderem às suas dúvidas de maneira convincente, é um ponto a mais para você considerar investir no fundo gerido por elas. Temos muito orgulho de, junto de outros profissionais do mercado, termos criado um canal de comunicação muito transparente entre gestores de fundos e investidores pessoa física, pois isso permitiu que pessoas comuns tivessem acesso a esse tipo de informação mais pessoal que, antes dessas iniciativas, apenas os grandes bancos e gestores de fortunas conseguiam obter.

Nos casos de alto turnover da equipe, o investimento acaba dependendo muito do que chamamos de "one-man show", ou seja, do trabalho de uma pessoa só. Em fases em que esses gestores estejam enfrentando problemas pessoais ou "sem cabeça" para se dedicar aos investimentos, seus fundos podem sofrer quedas. Há ainda o risco de o líder ir embora — o gestor principal deixar o fundo —, largando o investimento nas mãos de uma equipe não tão madura, alinhada e qualificada. Apostar nesse tipo de fundo significa colocar todos os ovos em uma cesta só — no caso, na cabeça do gestor principal.

O lado humano do gestor

Quando você vai a um médico para resolver um problema de saúde qualquer, e ele começa defender uma ideologia política diferente da sua, você desiste de se consultar com ele? Ou prefere acreditar na capacidade dele de exercer bem a profissão e tenta ignorar as opiniões sobre assuntos que não necessariamente devem interferir na conduta médica e no tratamento? Claro que, se ele falar que o horóscopo pode exercer influência na sua doença, é melhor você começar a desconfiar e procurar outro profissional para uma segunda opinião, afinal está afetando a qualidade técnica que você espera dele.

Na hora de escolher fundos, muitas pessoas preferem deixar o dinheiro na mão de gestores que tenham valores e crenças parecidos com os delas próprias, e não há nada de errado nisso.

Quando entrevistamos Pedro Chermont, da Leblon Equities, ele citou o livro *O sol é para todos** e recomendou a leitura para todos aqueles que fossem pais. O livro é amplamente utilizado nas escolas nos Estados Unidos, em aulas que enfatizam a tolerância e condenam o preconceito. O herói, Atticus Finch, pai do narrador, virou referência para várias gerações. Recebemos retornos de pessoas que escutaram a entrevista, gostaram do fato de ele ter recomendado a obra e se tornaram cotistas da Leblon por causa dessa identificação.

Modéstia à parte, nós dois ajudamos muito a "humanizar" os fundos com as entrevistas que conduzimos nos podcasts. Antes, quando você via os nomes Leblon Equities, Truxt, Ibiúna, não tinha ideia de quem estava por trás deles. Agora, é possível ver o rosto das pessoas que atuam nessas gestoras, saber há quanto tempo estão no mercado, se são engraçadas ou mal-humoradas, além de conhecer a equipe e alguns dos seus princípios.

Essa é uma decisão pautada em valores, e não apenas em contas que visam ao lucro. Existe, inclusive, uma corrente relevante no mercado financeiro que prega a adesão do investidor a critérios ambientais, sociais e de governança além dos de lucratividade. O conceito, conhecido pela sigla em inglês ESG, chamou bastante atenção da mídia nos últimos anos. Entendemos que não é um assunto para iniciantes, pois, por ser incipiente,

---

*   Romance vencedor do prêmio Pulitzer escrito por Harper Lee e lançado em 1960.

não possui critérios padronizados e causa muita confusão e dúvida até entre profissionais da área de investimentos.

Há gestores, por exemplo, que se recusam a comprar ações da Vale depois do acidente de Brumadinho (MG), em 25 de janeiro de 2019, que matou mais de 250 pessoas e causou um desastre ambiental de enormes proporções. Outros não compram papéis de fabricantes de armas ou de cigarros. São decisões pautadas em valores, e não apenas em contas que visam ao lucro.

Há pessoas que gostam de se sentir identificadas com as ideias de um gestor e com a opinião dele sobre determinados assuntos para além dos investimentos, como a posição política (e hoje, através das redes sociais, fica muito fácil identificar quem são os gestores que mais gostam de exacerbar seu lado político). Outras, mesmo discordando dele em alguns temas, focam apenas em observar se ele vai fazer seu dinheiro render: bateu o Ibovespa consistentemente? O.k., então, meu dinheiro é seu.

Acreditamos que seja importante você se identificar com o gestor, mesmo que essa identificação se dê pelo fato de ele ser antissocial, não expor sua vida pessoal e ser exclusivamente focado no trabalho. Isso pode causar a sensação de alguém que está totalmente empenhado em fazer seu dinheiro render. Se isso gerar uma identificação com seus valores, pode ser um fundamento na sua escolha.

Muitos gestores, que nunca surgiram em nossos podcasts ou em lugar nenhum, aparecem uma vez por década para falar. Isso, para alguns investidores, é um ponto negativo, pois passa a impressão que o gestor não está preocupado em explicar para o mercado o que está fazendo ou prestar contas sobre suas principais convicções. Para outros, isso é positivo, pois significa que ele está mais focado em entregar resultados na cota do fundo do que fazer publicidade do seu trabalho via exposição na mídia. Nós mesmo preferimos investir em alguns gestores com base no fato de eles aparecerem pouco. Alguns fundos têm até contratado pessoas para fazer esse papel de dar entrevistas e ser o "influencer" do seu negócio. Esta é uma solução, pois o gestor se dedica exclusivamente a tentar fazer o dinheiro render.

Para essa opção, entretanto, é necessário um exercício de autoconhecimento para entender o que faz sentido para você — e aí, sim, descobrir a quem você deve confiar seu dinheiro.

Quando vender suas cotas?

O primeiro e mais importante ponto é: não há uma resposta mágica para essa pergunta. Outros fatores devem ser analisados, e o principal deles não é o rendimento do fundo. Claro, se o fundo rendeu abaixo das expectativas nos dois ou três primeiros anos, é preciso ligar o alerta e investigar por que isso está acontecendo, às vezes ligando para o próprio fundo. Também não recomendamos que você fique como aquele meme do cachorrinho tranquilo enquanto a casa pega fogo em volta, mas não precisa se precipitar em vender as cotas ao ver os primeiros resultados ruins.

Um dos pontos a ser considerado para resgatar suas cotas é o chamado Style Drift, ou quando o gestor muda seu estilo. Voltando à analogia com treinadores de futebol, é como se seu time contratasse o catalão Pep Guardiola, um dos mais vitoriosos técnicos da atualidade, famoso por armar suas equipes no ataque, e ele montasse um time defensivo. Ou contratasse o português José Mourinho, famoso por armar retrancas, e ele armasse uma equipe ofensiva. Mesmo que os resultados forem positivos, num primeiro momento, essa mudança de estilo cos-

SEM MEDO DE INVESTIR EM AÇÕES

tuma afastar os investidores que "contrataram" aquele gestor por seu estilo mais conservador ou arrojado. Há casos famosos de fundos que começam arrojados, conseguem um ganho significativo em pouco tempo, assim como muitos clientes, e depois se tornam conservadores, com medo de perder o que conquistaram. Isso acaba afastando os cotistas que investiram esperando que a postura agressiva continuasse. Parafraseando Muricy Ramalho, "o mercado pune".*

Também devemos ficar atentos a notícias sobre saída de sócios ou dos principais gestores do fundo, troca muito grande de funcionários (que, embora não seja uma informação de fácil acesso, você pode conseguir em algum portal de notícia ou uma casa de análise). Mais do que os números, é importante saber o que acontece lá dentro.

Se nada de muito grave ocorrer, a ideia é que, assim como as ações, você permaneça com as cotas dos fundos por tempo indeterminado, por um longo período. Daí a importância de alocar com sabedoria nos fundos com os quais vocês mais se identifica.

Como o Salomão aloca em fundos

Nós somos entusiastas dos fundos e achamos que eles podem se tornar o destino de boa parte do seu dinheiro. Não estamos falando exclusivamente de fundos de ações, mas também dos multimercados, nos quais muitos investem parte do dinheiro em renda variável. Para dar um exemplo prático de como utilizar os fundos para dividir seus investimentos, Salomão,

---

* A famosa frase de Muricy é "a bola pune", que significa um time perder o jogo mesmo tendo dominado a partida, sem decidi-la.

QUANDO RECORRER AOS FUNDOS DE AÇÕES

que tem um perfil mais arrojado, vai mostrar como divide sua carteira pessoal.

Deixo na renda fixa a reserva de emergência, o equivalente a seis meses do meu orçamento — aquele dinheiro para sacar na hora, caso precise utilizar para algo inesperado. Também coloco na renda fixa o dinheiro para pagar o financiamento do meu apartamento, já que atualmente a taxa Selic está mais alta do que o financiamento que eu contratei com meu banco. Esta é minha parte conservadora. O restante está em renda variável, entre fundos de ações e fundos multimercados. Hoje está aproximadamente 40% em multimercados e 60% em fundos de ações. Nos multimercados, eu subdivido em três caixinhas: macro (que são os tradicionais, ou hedge funds, como citamos acima), quantitativos (com estratégias automatizadas e pouca interferência humana) e total return (assemelha-se a um fundo de ações, mas com flexibilidade para ter mais caixa e/ou outros ativos, buscando assim retorno real consistente, mesmo quando a Bolsa está em queda).

Essa divisão é apenas para você ter uma referência. O que importa é você conhecer seu perfil de investidor e adaptá-lo — se o seu perfil for conservador, a parcela do dinheiro investida em renda fixa certamente será maior, por exemplo.

A partir daqui, você já poderia fechar este livro e começar a investir por meio de fundos de investimento, se assim desejar, ou a escolher as ações da sua carteira por conta própria, pois já teria ferramentas e critérios suficientes para tomar tal decisão. No entanto, acreditamos que você pode ir além ao romper as fronteiras brasileiras para fazer o seu dinheiro render — e em moeda forte. É isto que vamos lhe propor no próximo capítulo: um mergulho mais fundo para aprender novas maneiras de investir no mercado de ações.

7
Investindo no exterior e em operações mais complexas

SE VOCÊ CHEGOU ATÉ AQUI, já percorreu conteúdo suficiente para poder investir na Bolsa com segurança e navegar por um mar de possibilidades de investimentos nos mais variados setores da economia brasileira. E isso já é bastante coisa para a maioria dos investidores no Brasil.

A partir de agora, os mergulhos serão mais profundos. Sim, você pode ir ainda mais longe, cruzar fronteiras e explorar outras possibilidades para encontrar novas modalidades de investimentos e fazer seu dinheiro render. Estamos falando de ações de empresas estrangeiras e de operações mais sofisticadas — e complexas —, como aluguel de ações, lançamento coberto, venda a descoberto (short) e opções de ações.

Investindo para além das fronteiras

Somos defensores da diversificação como estratégia não só para multiplicar seus investimentos, mas também para pro-

INVESTINDO NO EXTERIOR E EM OPERAÇÕES MAIS COMPLEXAS

teger seu patrimônio. Além do fato de as melhores empresas do mundo estarem listadas em Bolsas como a dos Estados Unidos, investir em uma moeda "forte", de um país com um melhor histórico econômico do que o Brasil (o que não é lá tão difícil assim, vale dizer), vai gerar uma proteção extra ao seu portfólio. No entanto, investidores do Brasil não costumam atravessar as fronteiras para alocar seu capital. Isso se deve a diversos motivos.

Para começar, a possibilidade de investir no exterior ainda é algo recente* para os investidores "comuns", que estão abaixo do patamar de "investidor qualificado" (que são os que possuem 1 milhão de reais declarados). A questão da barreira linguística também é um fator que pesa na escolha. Quando empresas e corretoras "falam" nossa língua materna, é natural sentir mais segurança na hora de investir. Por fim, investir sob nossa legislação é como disputar um jogo do qual você conhece as regras (ainda que, no Brasil, elas mudem o tempo todo). Tudo isso transmite uma sensação de melhor controle, que faz com que você se sinta confortável em transitar num território seguro, em vez de enfrentar o receio de se aventurar por outros.

Como mencionamos, investir na Bolsa ainda é uma prática recente entre brasileiros, apesar de estar crescendo. Só em maio de 2019 atingimos o total de 1 milhão de investidores pessoas físicas,[1] número que quintuplicou até janeiro de 2023, mas ainda representa o de 2,3% da população[2] — nos Estados Unidos, 62% têm ações.[3]

Por isso, é natural querer começar na zona de conforto para só depois expandir para o exterior — essa também pode ser uma explicação para essa preferência pelo investimento em

---

* Desde 2020, a Comissão de Valores Mobiliários (cvm) facilitou o processo de investimentos no exterior para investidores comuns.

ações brasileiras. Tem até um nome específico para essa prática no mundo dos investimentos: *home bias* (viés doméstico), um viés comportamental que faz com que você se sinta mais confortável colocando seu dinheiro em empresas locais. Analisando racionalmente: faz muito sentido que a maior parte dos nossos investimentos se concentre em um mercado que é apenas 1% do mercado de ações mundial? Não, não faz, mas é isso que você está fazendo quando investe só em ações brasileiras. Só para você ter uma base de comparação, o S&P 500 é o índice que reúne cerca de quinhentas das principais empresas norte-americanas. No Brasil, não há sequer quinhentas empresas listadas na Bolsa — até fevereiro de 2023, eram 365.[4]

O fato é que a Bolsa brasileira é pequena em quantidade de empresas listadas e em valor de mercado. Em dezembro de 2022 a B3 ocupava o modesto 21º lugar entre as Bolsas do mundo, atrás até dos mercados de Johanesburgo (África do Sul) e Teerã (Irã). Somadas, todas as suas empresas valiam menos de 800 milhões de dólares, trinta vezes menos que o valor das empresas da Nyse (Bolsa de Nova York).[5]

O ranking de Bolsas e o tamanho da Bolsa brasileira comparado com outras nunca foi um dado muito explorado na mídia brasileira. "Eu mesmo, Renato, só entrei em contato com esse ranking quando pesquisava informações para nosso podcast sobre ações internacionais. Confesso que achei esse número chocante. Perceba que na lista estão Bolsas de países como Austrália, Irã, Arábia Saudita, África do Sul e outros cuja economia é menor que a brasileira. Olhando para isso e para o fato de países como Estados Unidos e China terem não uma, mas duas Bolsas no top 6, me fez entender de maneira concreta, transparente e cristalina o quanto o mercado de ações ainda é incipiente, pouco desenvolvido e pouco representativo da economia brasileira. Imediatamente, decidi começar a investir

INVESTINDO NO EXTERIOR E EM OPERAÇÕES MAIS COMPLEXAS

Nome da Bolsa	Valor (em US$)
Nyse	24 060 385,92
Nasdaq — US	16 237 594,40
Shanghai Stock Exchange	6 724 470,89
Euronext	6 064 467,44
Japan Exchange Group	5 380 475,46
Shenzhen Stock Exchange	4 700 872,09
Hong Kong Exchanges and Clearing	4 566 809,06
National Stock Exchange of India	3 387 366,67
LSE Group London Stock Exchange	3 095 983,43
TMX Group	2 744 719,70
Saudi Exchange (Tadawul)	2 638 591,15
Deutsche Boerse AG	1 889 663,94
Nasdaq Nordic and Baltics	1 856 730,17
SIX Swiss Exchange	1 830 524,61
ASX Australian Securities Exchange	1 679 171,93
Korea Exchange	1 644 507,58
Taiwan Stock Exchange	1 447 690,51
Tehran Stock Exchange	1 347 575,02
Johannesburg Stock Exchange	1 171 748,13
B3 — Brasil Bolsa Balcão	794 417,90

em ações internacionais e hoje nunca tenho menos de 20% do meu patrimônio de renda variável em fundos no exterior."

No seu relatório de julho de 2021, a gestora de recursos independente WHG questionou essa representatividade ínfima brasileira em relação ao resto do mundo. O Brasil representa apenas 0,7% do MSCI All Country World Index (ACWI), índice com mais de 2200 empresas em cinquenta países. Por ter uma economia muito ligada a commodities e às indústrias de capital intensivo (que demandam grande volume de dinheiro para a sua operação), o nosso país fica fora de setores que têm sido mais lucrativos nos últimos anos, como o de tecnologia.

Aqui, não existem companhias listadas de computação na nuvem, carro elétrico, 5G, novas mídias, semicondutores etc. Conforme explica o relatório:

> Tecnologia representa 51% da Bolsa chinesa, 39% da norte-americana, mas só 9% do [mercado de ações do] Brasil. Nos últimos quinze anos, o lucro por ação no mundo (ACWI) cresceu cerca de 40% em termos acumulados, sendo que praticamente todo o crescimento veio das empresas de tecnologia, que foi mais do que 150%.

A Sigma Lithium, empresa canadense que extrai lítio — material usado, principalmente, na produção de baterias —, foi uma das empresas que, em 2022, ganhou os holofotes do mercado de ações. Naquele ano, o preço do minério aumentou dez vezes comparado com o começo de 2021, chegando a 75 mil dólares.[6] Por não estar listada no Brasil, não era óbvio para os investidores daqui a grande oportunidade que pairava em sua frente. Tiago Cunha, gestor da Ace Capital, foi um dos poucos a percebê-la.

Mesmo que em 2018 o mercado de lítio passasse por um momento morno, devido à correção do valor por tonelada e o crescimento da concorrência, Cunha viu o potencial da Sigma já naquela época. O racional por trás do investimento, explicou o gestor, foi de que o cenário macro indicava que, desde então,

INVESTINDO NO EXTERIOR E EM OPERAÇÕES MAIS COMPLEXAS

os carros elétricos iriam se popularizar.[7] Ao mesmo tempo, ao analisar o desenvolvimento de diferentes tecnologias criadas para a produção da bateria do carro, notou que, em todas elas, o lítio era um componente essencial.

A estratégia da Ace Capital, que terminou o ano com 20% da carteira investida em Sigma, foi certeira. Em 2022, diversos governos mundiais criaram incentivos para o uso de tecnologias mais amigáveis ao meio ambiente, fazendo com que o mercado de carros elétricos se aquecesse. Graças aos diferenciais competitivos da Sigma, a empresa saiu na frente e as ações da mineradora na Nasdaq (SGML) valorizaram 237,9% em 2022.[8] A Ace Capital foi uma das poucas gestoras de fundos que conseguiu fechar o ano acima do Ibovespa.

Se você tem convicção de que algum setor pode crescer muito, mas ele simplesmente não existe na Bolsa do Brasil, é preciso atravessar a fronteira. Um exemplo recente é o dos papéis das farmacêuticas durante a pandemia. As ações da empresa britânica AstraZeneca, uma das fabricantes de vacina contra o novo coronavírus, custavam pouco mais de quarenta dólares antes da covid-19, em fevereiro de 2020. Em dois anos, ultrapassaram o patamar dos sessenta dólares, e a taxa de dividendos também cresceu.[9] Como não há nenhuma companhia brasileira fabricante de vacina contra o coronavírus listada em Bolsa, a única maneira de investir nesse segmento seria mandando o dinheiro para o exterior.

Ao diversificar seus investimentos com a compra de ações internacionais, a chance de seu portfólio ser mais lucrativo é muito maior no longo prazo. Se pegarmos o rendimento do Dow Jones, um dos principais índices da Bolsa dos Estados Unidos, e compararmos com o Ibovespa na janela entre 2010 e 2017, é possível ver que quem deixou o dinheiro apenas no Brasil perdeu a chance de aumentar, em muito, seu capital. A

SEM MEDO DE INVESTIR EM AÇÕES

Parâmetro %	Retorno anual ajustado IGPDI	Retorno anual histórico
	Brasil	EUA
Índice	Ibovespa	Dow Jones
2017	27,78	25,08
2016	29,62	13,42
2015	−21,69	−2,23
2014	−6,45	7,52
2013	−19,92	26,50
2012	−0,65	7,26
2011	−22,01	5,53
2010	−9,21	11,02

tabela a seguir mostra como a Bolsa brasileira sofreu bem mais no período indicado.

Segundo um levantamento do JPMorgan, instituição norte--americana líder em serviços financeiros no mundo, menos de 0,5% do valor total investido pelos brasileiros em 2018 estava fora do Brasil.[10] Esse número deve ter aumentado desde então, mas está longe do registrado em outros países. Para efeito de comparação, naquele mesmo ano, esse percentual foi de 28% nos Estados Unidos, 35% no Canadá e de 50% na Inglaterra.

Romper fronteiras é ampliar as possibilidades de rentabilizar seu dinheiro em mercados mais desenvolvidos, portanto, mais maduros que o nosso. Se um dia isso foi complicado demais, agora está mais fácil do que você imagina.

INVESTINDO NO EXTERIOR E EM OPERAÇÕES MAIS COMPLEXAS

Ficou mais fácil

Em 2020, a cvm anunciou mudanças para quem queria investir no exterior. Qualquer brasileiro passou a ter a possibilidade de comprar os Brazilian Depositary Receipts (bdrs), ou certificados de depósito de valores mobiliários. Os bdrs são papéis negociados na Bolsa brasileira que representam ações de empresas que têm capital aberto em Bolsas de outros países. Para que a operação seja possível, uma instituição financeira, chamada de depositária, compra essas ações no exterior e as armazena em uma custodiante para poder emitir os certificados na B3 para seus investidores.

Com negociação até então restrita a investidores qualificados, essa medida facilitou o investimento internacional. Vale lembrar que os bdrs são papéis que representam as ações ou frações de ações, mas não elas em si. Eles podem ser patrocinados — ou seja, a empresa que tem suas ações negociadas contrata uma instituição depositária para fazer a emissão dos ativos e entrar num mercado estrangeiro, como o brasileiro — ou não patrocinados. Para comprá-los, basta ter conta em uma corretora — a mesma que você usa para adquirir ações de empresas brasileiras — e, ao acessar o home broker, inserir o código de negociação do bdr para emitir a ordem de compra.

Outra opção que já existia para investir lá fora, mas que ficou mais fácil, é abrir uma conta em corretoras estrangeiras. Desde 2020 algumas corretoras oferecem menu em português e é possível abrir a conta pelos aplicativos, diretamente no seu smartphone. Nós preferimos essa forma de investir no exterior pelo fato de o bdr estar sujeito à legislação brasileira — e nunca se sabe que surpresa podemos ter a esse respeito. O governo brasileiro, com sua recorrente imprevisibilidade, pode do dia para a noite criar um tributo específico a ser cobrado sobre os BDRS, por exemplo.

Para escolher uma corretora, sugerimos que, assim como você pesquisou para abrir conta em uma corretora brasileira, também faça uma pesquisa para escolher a internacional. Algumas delas possibilitam que, além de comprar e vender ações das maiores empresas do mundo, você tenha cartão de débito internacional para sacar dinheiro em moeda local em qualquer país do mundo — ou seja, você pode manter o dinheiro lá fora e usá-lo daqui.

Com a conta no exterior já aberta, você vai poder comprar e vender ações internacionais assim como faz com as nacionais — só que o leque de empresas disponíveis é muito maior. A principal dificuldade talvez seja justamente escolher entre tantas alternativas.

Você também pode optar por fundos de ações internacionais. Dentre eles, pode investir no fundo "normal", dolarizado — como o fundo está comprando ações de empresas estrangeiras, ele naturalmente tem que comprar em dólar. Ou, então, investir no fundo em reais ou hedgeado, que segue a oscilação das ações, sem ter a oscilação cambial. Eu, como investidor, uso esses fundos também para ter diversificação cambial, então prefiro o formato tradicional, ou seja, dolarizado.

Outra boa opção é o IVVB11, o ETF* negociado no Brasil que representa o S&P 500. É uma forma inteligente de diversificação para quem não quer abrir conta em corretora lá fora nem quer fazer stock picking de empresas estrangeiras. Você pode adquiri-lo na sua corretora nacional. Comprando esse ETF, ele compra um pacotinho de S&P 500 em dólar (já que o índice

---

* Exchange Traded Funds (ETFS) são instrumentos financeiros negociados em Bolsa, como se fossem ações, que replicam índices, carteiras ou ativos.

INVESTINDO NO EXTERIOR E EM OPERAÇÕES MAIS COMPLEXAS

em questão é formado por empresas negociadas na moeda americana). Por que é legal? Se você pegar numa janela bem longa de cinco a quinze anos, verá que o IVVB11 é um dos melhores ativos da Bolsa brasileira, principalmente se olhar para a métrica de Sharpe (retorno ajustado à volatilidade do ativo). Ou seja: a melhor "ação" da Bolsa brasileira é, na verdade, um ETF de Bolsa americana dolarizado. *This is Brazil.*

Sem bizu

Tomou a decisão de colocar parte do seu patrimônio lá fora? Ótimo. Sugerimos então começar pelos Estados Unidos. Além de ser o maior mercado de investimentos do mundo e proporcionar a oportunidade de você ser sócio ou sócia de companhias sólidas e líderes mundiais em suas áreas, como Microsoft, Amazon, Johnson & Johnson e Nike, o mercado de ações norte-americano é mais previsível, pois sofre menos interferência do governo.

As normas do ambiente de negócios norte-americano são cumpridas e, via de regra, não são alteradas a todo momento. Ao contrário do que já aconteceu por aqui, por exemplo, o governo dos Estados Unidos não costuma assinar abruptamente uma medida provisória que na prática obriga as empresas de energia elétrica a reduzir a tarifa da conta de luz.[11] E o mais importante: não tem o que chamamos de "bizu", ou seja, não há divulgação de informação privilegiada para grupos específicos. A isonomia de informação é a regra por lá. Tudo o que é divulgado pela empresa estará à disposição para investidores que estão em Nova York, na Wall Street, centro financeiro do mundo, no mesmo momento em que estará disponível para alguém que esteja no Alabama ou aqui em São Paulo.

O processo é totalmente transparente. Lá, o profissional de Relações com Investidores (RI) das empresas é uma figura quase burocrática. Em suas declarações, dificilmente traz alguma grande novidade até a divulgação dos resultados. No Brasil, é comum os profissionais de RI "amaciarem" os analistas antes do anúncio público dos números da empresa. Eles dão dicas sobre o que vai acontecer, o que faz com que as movimentações de mercado ocorram antes da divulgação oficial do resultado. Essa prática, inclusive, deu origem a um chavão de mercado: "Sobe no boato, cai no fato". As ações sobem quando os rumores positivos de uma empresa são ventilados e caem depois que se concretizam, pois o mercado já havia precificado o resultado.

Apesar de considerarmos importante que você invista seu capital lá fora, não recomendamos fazer isso com todo o seu dinheiro. Invista apenas uma parte dele em empresas estrangeiras. O motivo desse conselho é bem simples: você estará à mercê da variação cambial. É algo a mais para administrar e calcular na hora de adquirir ativos estrangeiros. E vale uma dica: não invista em uma ação internacional apenas por causa do dólar. Se quer investir na moeda norte-americana, aconselhamos comprar cotas em um fundo cambial. O investimento em ações estrangeiras deve ser feito tão somente porque você acredita na valorização dessas empresas no longo prazo.

Já que falamos de fundo cambial, poderia dizer uma forma interessante de usar fundo cambial. Na verdade, duas:

1. Se você não tem nada de nada de outra moeda na carteira, apenas ativos atrelados ao real, recomendamos fortemente que coloque uns 10% do seu patrimônio em fundo cambial, pois, historicamente, quando as coisas andam mal por aqui, o dólar sobe; então você protegerá

INVESTINDO NO EXTERIOR E EM OPERAÇÕES MAIS COMPLEXAS

parte da sua carteira num ativo barato (as taxas desses fundos são *bem* baixas) e de alta liquidez (prazo de resgate também é pequeno).

2. Se você já tem planejada uma viagem para fora do país em um prazo mais longo, uma boa opção para evitar sustos na hora de comprar seus dólares para viajar é deixar parte do dinheiro que pretende gastar nessa viagem em um fundo cambial.

Assim, se o dólar subir muito forte entre hoje e o dia da sua viagem, você já se protegeu dessa oscilação — da mesma forma, se o dólar cair nesse período, você não aproveitará os preços menores. É um hedge na sua essência mais simples: uma estratégia para se proteger, e não para ter ganhos.

Aluguel de ações

O conceito da curva de aprendizagem foi descrito pela primeira vez pelo psicólogo alemão Hermann Ebbinghaus em 1885. O principal insight fornecido pela teoria é que a eficiência em cumprir uma tarefa aumenta à medida que você pratica aquela atividade. De forma oposta, o esforço para cumprir a tarefa diminui conforme ela é executada ao longo do tempo, o que torna a atividade mais prazerosa.

Por que estamos falando disto? Os tipos de investimento que vamos abordar a seguir — aluguel de ações, venda a descoberto (short) e opções —, por serem mais complexos, exigem um empenho maior de aprendizagem quando comparados às modalidades de investimento que trouxemos anteriormente. Mas se você se empenhar em entender os mecanismos das operações, dará um enorme passo no que se refere a formas mais sofisticadas de investimentos para a sua carteira. Sabe quando, no videogame, já estamos craques em um jogo e arriscamos entrar no modo mais difícil para testar ao máximo nossas habilidades? Esses investimentos são o modo "hard" de se investir na Bolsa.

Aqui não pretendemos entrar nos pormenores dessas operações — isso daria outro livro, ou pelo menos um curso completo. Traremos, no entanto, explicações básicas de alguns conceitos para aguçar a sua curiosidade. Se você se interessar por algum deles, poderá buscar informações com mais profundidade sobre o assunto antes de investir.

Como vimos até aqui, na Bolsa, você compra uma ação com o objetivo de que ela se valorize. No entanto, você também pode se beneficiar se a empresa estiver cara demais e entender que o preço de suas ações vai cair.

É aí que entra o aluguel de ações. Nessa operação, há dois lados: o do "inquilino" (tomador) e o do "proprietário" (doador) das ações que serão alugadas. Vamos começar pelo segundo caso, que é mais fácil de explicar e no qual os riscos envolvidos na negociação são menores.

Imagine que você tenha mil ações da Ambev e pretenda mantê-las para o longo prazo. Enquanto estão na sua carteira, você pode receber uma renda extra ao alugar esses papéis. Não é possível fazer esse tipo de operação pelo home broker. Nesse caso, é necessário solicitar para a sua corretora e pedir que suas ações sejam disponibilizadas para aluguel por determinado período.

E quem vai alugar? A pessoa que quer apostar na queda das ações. O "inquilino", ao alugar os ativos, os vende pelo preço (cotação) daquele dia e torce para que este caia em determinado período, para depois comprá-los mais baratos, devolver ao "proprietário" e embolsar a diferença (entre o preço da venda e

INVESTINDO NO EXTERIOR E EM OPERAÇÕES MAIS COMPLEXAS

da compra, descontando o valor pago pelo aluguel). No jargão do mercado, isso significa operar vendido ou "shortear" — é comum ouvir essa derivação do inglês verbal, que, como o nome já entrega, significa realizar uma operação short. Há investidores que vendem um ativo que não possuem mesmo antes de alugá-lo, mas a corretora, no fim do dia, não os deixa dormir sem que a operação de aluguel tenha sido feita: ela faz isso por eles. O ideal, no entanto, é que o aluguel do ativo seja feito antes da venda, para que seja possível analisar se o preço do aluguel está de acordo com as expectativas de ganho — a corretora pagará o aluguel pelo preço médio de mercado.

O aluguel de uma ação é calculado a partir de um percentual do preço da ação. Por exemplo, se a ação da Ambev está cotada a vinte reais e o aluguel cobrado é de 1% ao ano desse valor, você pagará vinte centavos para alugá-la. Como é definida essa taxa? Pela demanda. Se tem muita gente querendo alugar determinada ação, a tendência do preço do aluguel é subir.

Short squeeze

Um dos riscos de operar vendido é sofrer um short squeeze. Esse fenômeno do mercado acontece quando os shorters (aqueles que estão vendidos) são forçados a zerar suas posições (comprar os ativos que estão vendidos) pela falta de disponibilidade desse ativo no mercado de aluguel. Calma, que explicando fica mais fácil.

Vamos supor que você alugou cem ações e as vendeu no mercado apostando na queda. Vamos supor ainda que outros vários investidores, que enxergam a mesma tendência para essa ação, também fizeram o aluguel para ficar vendidos nela. Começa uma grande onda de pessoas acreditando na queda de um mesmo ativo.

Acontece que existe uma quantidade-limite de ações para ficarem alugadas no mercado brasileiro — a regra atual da B3 estabelece um limite de 20% do "free float" (papéis da empresa que estão em circulação no mercado) para operações de aluguel de ações. Como o total de ações alugadas é um dado público, é possível monitorar se uma empresa está chegando perto desse limite. Uma vez que o total de ações alugadas não pode superar esses 20%, qualquer empresa que esteja perto desse limiar entra em uma zona de "é proibido novos apostadores na queda".

Quando isso acontece, a ação fica muito mais suscetível a movimentos bruscos de alta. O motivo é simples: se, de uma hora pra outra, um ativo fica restrito a ter novos "shorteadores", ele perde muita força no lado da venda e ganha força no lado da compra. Logo, os vendidos ficam numa posição bem mais vulnerável.

E se um grande acionista dessa empresa que disponibilizou uma quantidade gigante de ações para ser alugada percebe essa escassez e resolve pedir seus papéis de volta? Não havendo ações disponíveis para substituir a posição de um "shorteador", este terá que forçadamente comprar as ações para liquidar a sua posição vendida. Isso é o short squeeze.

Há também a zeragem provocada pelo medo do short squeeze. Ela acontece sem que nenhum grande acionista peça de volta seus papéis que estavam alugados, mas quando uma ação que está perto do limite de 20% do free float alugado começa a subir. Se você está vendido nesse papel, vai esperar a confirmação de que é um short squeeze ou vai comprar logo as ações para zerar sua posição? A segunda opção é a mais comum, pois uma venda a descoberto sempre será uma operação

INVESTINDO NO EXTERIOR E EM OPERAÇÕES MAIS COMPLEXAS

assimetricamente desfavorável pra quem está vendido — ao contrário do que acontece quando você compra uma ação.

Em bom português (ou boa matemática): ao comprar uma ação sem se alavancar, seu risco máximo é perder 100% do capital investido (o preço da ação ir pra um centavo), mas seu potencial de retorno beira o infinito (uma ação pode se multiplicar por duas, vinte, duzentas, 2 mil vezes etc.). Para quem está vendido, a lógica é exatamente oposta: seu ganho máximo é de 100%, mas seu prejuízo pode ser muito acima de 100%. Logo, é uma operação em que seu potencial de perda sempre será maior que o ganho máximo a ser obtido. Não há um piso para o prejuízo.

Por isso mesmo um short squeeze (ou a iminência de um) costuma resultar em altas muito fortes e bem rápidas de uma ação. Além disso, essas disparadas podem antecipar alguma novidade bombástica: uma empresa em péssimas condições financeiras pode ser um bom ativo para ficar "short", mas e se de repente ela receber uma proposta para ser comprada por um concorrente, que oferece o triplo do que ela vale em Bolsa?

Negociar direitos para o futuro com opções

As inúmeras possibilidades de investimento no mercado de ações não nos permitem baixar a régua. Para fechar o capítulo, apresentamos mais uma modalidade que requer habilidades avançadas — apreciamos a arte de investir e trabalhamos para que você fique craque no assunto. Não poderíamos deixar de apresentar as opções, mas mais uma vez recomendamos cautela redobrada.

Há dois lados na operação com opções: o do titular (comprador) e o do lançador (vendedor). Quando você adquire uma

SEM MEDO DE INVESTIR EM AÇÕES

opção, você está comprando o direito de, em uma data futura, negociar um ativo a um preço predeterminado (o chamado strike ou preço de exercício). Essa opção pode lhe dar o direito de comprar um ativo (no jargão do mercado, call) ou de vendê--lo (chamada de put).

Bem sabemos que pode ser meio abstrato no começo. Por isso, mais uma vez, traremos exemplos didáticos para mostrar que não é tão complicado quanto parece.

Começando pela call. Imagine que estamos em janeiro e você quer comprar um carro cujo preço atual é 70 mil reais, mas só vai pagá-lo em março. Você pode comprar por 2 mil o direito de adquirir o carro por esses 70 mil reais em março, e se, chegado o mês, ele estiver valendo 100 mil reais, você ainda assim pagará 70 mil — um ótimo negócio, certo? Agora, se por acaso em março o carro estiver valendo 60 mil reais, não fará sentido você exercer seu direito de comprá-lo a 70 mil. Logo, a sua opção "virou pó" (mais um jargão usado nesse mercado) e você perdeu 100% dos 2 mil reais que pagou por ela.

Vamos dar um exemplo com uma ação do mercado. Se você adquire uma call de Petrobras a 24 reais com vencimento em março — toda opção vence na terceira sexta-feira do mês — e a ação naquele mês estiver valendo 28, você terá o direito de comprá-la por 24 reais. Quem vendeu a opção tem a obrigação de entregar a ação a esse valor, mesmo que no momento da negociação ela esteja valendo mais. Em contrapartida, se a ação estiver valendo vinte reais, você pode (tem a opção de) não exercer a call (opção de compra) — não faz sentido pagar 24 reais por uma ação que vale vinte. Perceba que quem vende uma opção tem um dever, mas quem compra uma opção tem um direito.

Obviamente, a operação tem um preço — e ele tem que entrar nessa equação. Vamos supor que o direito de comprar

142

INVESTINDO NO EXTERIOR E EM OPERAÇÕES MAIS COMPLEXAS

a Petrobras por 24 reais em março foi negociado na Bolsa por quatro reais. O comprador (titular) desse contrato vai desembolsar 28 por ação e terá lucro se a Petrobras estiver mais que essa quantia na data de vencimento. O vendedor (lançador) já teve lucro de quatro reais por ação pagos por opção. Existe um risco de oportunidade para o vendedor, que é, por exemplo, a ação subir, nesse período, para quarenta reais — ele será obrigado a vendê-la por 24. Ele não tem prejuízo na operação, mas fica o gosto amargo de vender um ativo que vale quarenta por 24 reais.

Há um cenário ainda mais problemático: quando alguém vende a opção de compra sem ter a ação. Por mais ilógico que pareça, isso acontece com frequência. No exemplo da negociação com a Petrobras, seria como ter que ir ao mercado para comprar por quarenta reais a ação e entregá-la por 24 — nesse caso, o prejuízo contabilizado é de doze reais (dezesseis do valor da ação, menos os quatro pagos pela outra parte da negociação). Veja que, nesse caso, o lançador não perdeu uma oportunidade de ganhar, mas amargou um prejuízo, pois teve que ir a mercado comprar o que não tinha. O papel poderia ter subido muito mais, tornando o prejuízo infinito, em teoria.

Se você compra uma put (opção de venda), a coisa complica um pouco. Aqui, você paga para ter o direito de vender uma ação em determinada data no futuro. No nosso exemplo, você pagou para vender os papéis da Petrobras a 24 reais em março. Se a ação se desvaloriza — vai a doze, por exemplo —, você exerce seu direito, e a pessoa de quem você comprou a opção é obrigada a adquirir a ação por esse valor. Você tem lucro com a desvalorização do ativo — ele deve chegar a um valor que, somado ao preço pago pela opção, ainda seja menor do que o valor original do papel. No nosso exemplo, se a ação da Petrobras vai a doze reais, você terá lucro se pagou menos de doze pela opção. Se o papel se valorizar, você pode não exercer o direito de venda e arcar apenas com o prejuízo da compra das opções.

Esse tipo de operação também pode servir como proteção para sua carteira. Ainda utilizando o exemplo da Petrobras: se você possui muitas ações da empresa, pode adquirir uma put da petroleira para se proteger de uma queda brusca e repentina das ações. Dessa forma, se elas se valorizam, você ganha com essa valorização; se caem drasticamente, você compensa a perda exercendo o seu direito de venda das opções.

No entanto, nem tudo é tão tranquilo nesse tipo de operação. Há um lado que o mercado de opções chama de "cemitério de malandro". Acontece com os investidores que compram e vendem opções, operando como se fossem ações. Seguindo o mesmo exemplo: para comprar uma ação da Petrobras, você precisaria de 24 reais. Para comprar uma opção de compra dessa ação, você precisaria apenas de quatro reais. É muito mais barato comprar a opção do que a ação, claro. Se a ação em questão subir para 28 reais, você teve um ganho de cerca de 15%, mas, se o valor da opção subir para oito, você ganha 100%. Seu investimento dobra de valor.

Muita gente investe fazendo apenas esse tipo de operação. O problema é que, se a data do vencimento chegar e você não exercer seu direito de compra ou venda, por não querer assumir um prejuízo grande naquele momento ou não ter dinheiro em caixa para bancá-lo, ela já não vale mais nada — vira pó — e você perde 100% do que investiu. Isso acontece com certa frequência, e o que parecia barato sai muito caro. O risco de perder 100% do valor investido em opções é muito maior do que no mercado de ações, que via de regra só acontece se uma empresa for à falência. E nos casos das ações, você só tem prejuízo quando vende e não há uma data-limite para fazer isso.

INVESTINDO NO EXTERIOR E EM OPERAÇÕES MAIS COMPLEXAS

É possível operar nesse mercado diretamente pelo home broker.* As opções são vendidas em lotes (normalmente de cem) e têm códigos próprios, que já indicam o prazo (vencimento) e, via de regra, o preço da opção. Pelo ticker (código de negociação), podemos identificar várias características do ativo em questão. Em PETRD35, por exemplo, temos identificado que se trata de opção da Petrobras, de compra (put) com vencimento para abril (D)** e preço de exercício de 35 reais.

Para operar nesse tipo de mercado, recomendamos primeiro estudar bastante, testar seus conhecimentos, limites, conhecer bem sua tolerância ao risco, para depois começar a investir — e ainda ir bem aos poucos. Só quando atravessar essa curva de aprendizagem é que você poderá se abrir para novas maneiras de aumentar ainda mais os ganhos de sua carteira de ações.

---

* Ambiente das corretoras no qual você realiza suas operações de compra e venda de ações.

** As opções de compra utilizam as letras de A a L após as letras do código da empresa para definir o mês de vencimento, enquanto as de venda utilizam de M a X.

CONCLUSÃO

Educação financeira como base para a construção de patrimônio

SE, AO CHEGAR ATÉ AQUI, você se convenceu de que colocar uma parte do seu dinheiro em ações é um bom negócio, pode também estar se perguntando o seguinte: por que menos de 3% da população investe na Bolsa no Brasil?[1] Como já vimos em capítulos anteriores, a resposta dessa pergunta pode não ser simples, tampouco objetiva. Ela passa por fatores como o ainda recente acesso a esse tipo de investimento pelo grande público, bem como pela forte atratividade da renda fixa — nosso país é um dos maiores campeões em juros altos do mundo. Além disso, tem um motivo que acreditamos ser o principal e estrutural: a falta de educação financeira.

No Brasil, quem sabe o que é CDI já sabe muito. E não deveria ser assim. Uma vez que vivemos em um mundo capitalista, em que o dinheiro é essencial para inúmeras atividades da vida — para não dizer quase todas —, aprender a lidar com operações financeiras básicas é algo que não pode ser negligenciado. A não ser que você negue o sistema, como fez Christopher

McCandless, viajante norte-americano que, em 1990, decidiu largar o conforto financeiro que seu pai havia deixado para viver o restante da vida isolado e sem dinheiro.

A história de McCandless foi contada no livro de Jon Krakauer, *Na natureza selvagem*, adaptado posteriormente para o cinema por Sean Penn. O protagonista, que se formou em uma das mais prestigiadas universidades norte-americanas, a Emory, também rejeita seu futuro profissional e prefere tentar encontrar o propósito de sua vida rumando em direção ao Alasca, em meio à natureza.

Se você não tem planos tão radicais quanto o de McCandless e pretende continuar pagando humildemente seus boletos, recomendamos que busque informações para saber como calcular seus gastos, guardar dinheiro da melhor maneira e investir de modo racional para ganhar dinheiro de forma crescente e constante.

Flavio Estevez Calife, professor de economia da PUC-SP e economista-chefe da Boa Vista,* e Fernando Cosenza Araujo, doutor em finanças públicas, atribuem a demora no tratamento mais aprofundado e específico do tema à histórica instabilidade econômica do país. A hiperinflação, que entre fevereiro de 1986 e novembro de 1989 acumulou alta de inacreditáveis 107 492,07%, só foi barrada com o Plano Real em 1994. Segundo eles, a educação financeira trilhou um caminho oposto ao que seria ideal:

> Na primeira fase, as orientações financeiras eram direcionadas para consumidores com renda disponível, preocupados principalmente com o destino de seus investimentos, visando à independência financeira ou uma aposentadoria mais tranquila.[2]

---

* Empresa de assessoria de investimentos na Bolsa de Valores.

CONCLUSÃO

Ou seja, era restrita a um público muito pequeno.

Só mais tarde, no começo dos anos 2000, começaram a ser difundidos conhecimentos de interesse do grande público, por exemplo, sobre os efeitos de se tomar empréstimo e da inadimplência. Pessoas endividadas não guardam dinheiro; portanto, não investem. Por isso, o primeiro passo para qualquer um que queira investir é saber lidar com o crédito e equalizar as dívidas para que sobre dinheiro no fim do mês. Este deveria ser o caminho natural.

Em 2017, durante o período do MBA, tivemos aulas de matemática básica, em que era ensinada fração. Estamos falando de um curso para pessoas com ensino superior completo. O professor explicou que nos anos anteriores começava as aulas com logaritmo, mas percebeu que os alunos não acompanhavam. Passou a iniciar com potência, mas também observava a dificuldade dos estudantes. Seguiu para operações mais simples, como fração, e ainda tinha que desenhar "pizzas" na lousa para explicar o conceito, que é aprendido (ou deveria ser) no ensino fundamental.

Salomão participou certa vez de uma aula voluntária de educação financeira, e os responsáveis pelo evento contavam histórias de pessoas que consideravam o valor do cheque especial, aquele saldo extra que aparece no aplicativo do banco, como um dinheiro a ser usado sem restrições, e não como um empréstimo — lembrando que, entre as categorias de empréstimo, os juros do cheque especial estão entre os mais altos do mercado, perdendo apenas para os do cartão de crédito.

Não somos especialistas em educação, logo, não ousaremos propor uma maneira de inserir a educação financeira no currículo escolar. Mas as pessoas precisam necessariamente terminar o ensino médio sabendo o que significa juros compostos. E, para aprender juros, têm que aprender potência antes. Claro que ter uma boa base de matemática não cria investidores, mas investidores precisam de matemática básica para aumentar o seu potencial de ganho. Portanto, para termos possíveis investidores no futuro, precisamos de uma formação básica que permita isso.

Ter conhecimento de matemática é um passo essencial para poder pensar no que é subjetivo. Para decidir quanto dinheiro se deve colocar em determinada ação, você deve analisar uma série de fatores já discutidos neste livro, como apetite por risco, preço e cenário macroeconômico. É algo relativo e subjetivo. Mas, para conquistar a liberdade de tomar essa decisão de forma assertiva, você tem que saber calcular juros e porcentagem — e isso é concreto e objetivo.

Uma pesquisa realizada pela Standard & Poor's (S&P), em 2014, comparou o nível de educação financeira de 144 países. Foram entrevistados mais de 150 mil adultos sobre quatro conceitos financeiros básicos: aritmética, diversificação de risco, inflação e juros compostos. O Brasil ficou na 74ª posição,[3] com apenas 35% dos entrevistados acertando questões de ao menos três dos quatro tópicos abordados. Entre os países com a população mais educada financeiramente estão a Noruega, seguida da Dinamarca e da Suécia, todas com o índice de acerto na casa dos 71% dos entrevistados.

Defendemos até aqui que, para investir em ações, a prática é essencial para adquirir autoconhecimento como investidor ou investidora e conhecimento sobre o mercado. Mas ela não é possível sem o mínimo de teoria que embase suas decisões de investimento.

Salomão, apesar de gostar muito de matemática desde criança, nunca teve aula de finanças na escola, assim como a maioria dos brasileiros. Uma pesquisa realizada pelo Ibope Inteligência, encomendada pelo banco C6 Bank em 2020,

CONCLUSÃO

revelou que apenas 21% dos brasileiros de classes A, B e C com acesso à internet tiveram educação financeira durante a infância.[4] Na adolescência (dos doze aos dezessete anos), a proporção sobe para 38%.

Foi apenas na época da faculdade que Salomão pôde unir o gosto por investimento ao conhecimento matemático. E quem, ao contrário dele, não teve a oportunidade de acessar conceitos de educação financeira na vida adulta acaba não criando autonomia para tomar decisões acertadas sobre o que fazer com o próprio dinheiro. Para tentar preencher pelo menos parte dessa lacuna, contribuímos com os nossos projetos: o Market Makers e este livro.

Se, de alguma forma, esta leitura servir para abrir seus olhos para uma nova maneira de encarar sua relação com o dinheiro, seus investimentos e o planejamento de seu futuro, estamos certos de que cumprimos nossa missão.

Não se trata de enriquecer, mas de fazer escolhas certas

Muita gente ainda encara investimento em ações e em renda variável como um meio de enriquecer, comprar itens de luxo e mudar de patamar na pirâmide social. E, ainda, espera que isso aconteça em um curto espaço de tempo, de preferência.

Se você também pensa dessa forma, provavelmente se frustrará.

O objetivo de colocar seu dinheiro na Bolsa não é simplesmente transformar 10 mil reais em 100 milhões de reais — ainda que isso seja desejável e até, quem sabe, possível. A princípio, queremos apenas que você encare esse investimento como algo que vai fazê-lo ganhar mais dinheiro do que ganharia se não investisse em ações. Isso já é muito bom. Talvez não seja tão emocionante quanto você tenha idealizado, mas, no fim das contas, certamente valerá a pena quando olhar para trás.

A ilusão do enriquecimento rápido é muito difundida, vendida na internet e aceita por muita gente — novamente, por falta do discernimento que uma educação financeira básica traria. Nesse contexto, tentamos contribuir levando informação, entrevistando pessoas do mercado e emitindo nossa opinião sem nenhum interesse oculto que não seja o que for melhor para nossos leitores e ouvintes.

Temos recebido ao longo dos anos muitos retornos positivos do nosso público. É comum ouvir ou ler frases como: "Comecei a investir graças a vocês" ou "Vocês me fizeram conhecer a Bolsa". Um dia, durante um jogo de futebol com o time de várzea nos arredores do Campo Limpo, em São Paulo, um dos espectadores gritou: "Salomão, faz um gol para mim! Você não sabe quem eu sou, mas eu acompanho suas dicas financeiras". Este é um pequeno exemplo de como as pessoas estão sedentas por conhecimento, mas nem sempre têm acesso a ele (detalhe extremamente importante: ele fez o gol e o jogo terminou em 1 a 1).

Talvez o nosso segredo — que nem é tão secreto assim — seja fazer as perguntas certas para aqueles que muito entendem do assunto e falar de um jeito que grande parte das pessoas vai compreender, sem os jargões de quem está imerso no mercado. É isso que nos move. Enquanto houver audiência, seguiremos fazendo nossa parte para formar mais — e melhores — investidores.

AGRADECIMENTOS

Em primeiro lugar, agradecemos às nossas esposas, Fê e Gabi, que aguentaram com paciência mais um motivo para chegarmos tarde em casa.

Aos nossos sócios, Matheus e Josué, que nos acompanham neste delicioso desafio intelectual de entender e explicar o mundo das finanças para os brasileiros.

Ao Brazuca Coffee e ao Café Habitual do shopping JK Iguatemi, que nos cederam incontáveis lanches e doses de café nas conversas de preparação do texto.

A todas as pessoas que passaram pela nossa formação profissional, desde o nosso despretensioso início no jornalismo até o posto atual de empreendedores do mercado financeiro.

Por fim, obrigado aos ouvintes, leitores, nossa comunidade de assinantes e investidores. São vocês que alimentam nossa alma com a energia necessária para continuarmos fazendo o que fazemos.

NOTAS

PRÓLOGO [pp. 13-24]

1 "Bolsa brasileira atinge os 5 milhões de CPFS e bate meta antiga da B3". Seu Dinheiro, 17 jan. 2023. Disponível em: <https://www.seudinheiro.com/2023/empresas/bolsa-brasileira-atinge-os-5-milhoes-de-cpfs-e-bate-meta-antiga-da-b3-b3sa3-julw/>. Acesso em: 5 jul. 2023.

2 "Perfil pessoas físicas". B3. Disponível em: <https://www.b3.com.br/pt_br/market-data-e-indices/servicos-de-dados/market-data/consultas/mercado-a-vista/perfil-pessoas-fisicas/perfil-pessoa-fisica/#:~:text=Perfil%20pessoas%20f%C3%ADsicas&text=Em%202018%2C%20o%20n%C3%BAmero%20de,aumento%20de%20mais%20de%20700%25>. Acesso em: 5 jul. 2023.

3 "What Percentage of Americans Own Stock?". Gallup, 24 maio 2023. Disponível em: <https://news.gallup.com/poll/266807/percentage-americans-owns-stock.aspx#:~:text=WASHINGTON%2C%20D.C.%20%2D%2D%20Gallup%20finds,it%20has%20been%20since%202008>. Acesso em: 5 jul. 2023.

NOTAS

1. POR ONDE COMEÇAR? [pp. 25-38]

1 A frase foi tirada do livro *Misbehaving: A construção da economia comporta-mental* (Rio de Janeiro: Intrínseca, 2019). Do original: "People will be risk-averse for gains, but risk-seeking for losses" (p. 43).

2 "Veja 5 ensinamentos de Morgen Housel, autor do famoso livro *Psicologia financeira*". *Valor Investe*, 10 nov. 2021.Disponível em: <https://valorinveste. globo.com/objetivo/empreenda-se/noticia/2021/11/10/veja-5-ensinamentos-de-morgan-housel-autor-do-famoso-livro-psicologia-financeira.ghtml>. Acesso em: 12 jul. 2023.

3 "Day tarde é cassino, muito mais sorte do que técnica, diz pesquisador". FGV EESP, 1 out. 2019. Disponível em: <https://eesp.fgv.br/noticia/day-trade-e-cassino-muito-mais-sorte-do-que-tecnica-diz-pesquisador>. Acesso em: 12 jul. 2023.

4 "Afonso reclama: 'O carro está, a cada corrida, menos e menos competitivo'." *Gazeta Esportiva*, 23 jun. 2018. Disponível em: <https://www.gazetaespor tiva.com/motor/formula-1/alonso-reclama-o-carro-esta-cada-corrida-menos-e-menos-competitivo/>. Acesso em: 12 jul. 2023.

2. QUANTO PAGAR POR UMA AÇÃO? [pp. 39-54]

1 "Natura ganha 4800 acionistas pessoas físicas em oferta pública". *Folha de S.Paulo*, 26 maio 2004. Disponível em: <https://www1.folha.uol.com.br/folha/dinheiro/ult91u84763.shtml>. Acesso em: 12 jul. 2023.

2 Idem.

3 "Derivativos financeiros: hedge, especulação e arbitragem". Maryse Parhi, Unicamp. Disponível em: <https://periodicos.sbu.unicamp.br/ojs/index.php/ecos/article/view/8643137/10687>. Acesso em: 12 jul. 2023.

4 "Especulação benéfica". *Veja*, 16 ago. 2021. Disponível em: <https://veja. abril.com.br/coluna/mailson-da-nobrega/especulacao-benefica/>. Acesso em: 12 jul. 2023.

3. FORME UM PORTFÓLIO INVENCÍVEL [pp. 55-71]

1 "Os times de futebol mais valiosos do mundo de 2022: Real Madrid lidera". *Forbes*, 26 maio 2022. Disponível em: <https://forbes.com.br/forbes-money/2022/05/os-times-de-futebol-mais-valiosos-do-mundo-de-2022-real-madrid-lidera/>. Acesso em: 12 jul. 2023.

SEM MEDO DE INVESTIR EM AÇÕES

2 "Relembre o Real Madrid dos Galácticos, uma verdadeira seleção, mas que decepcionou dentro de campo". Torcedores.com, 11 ago. 2021. Disponível em: <https://www.torcedores.com/noticias/2021/08/real-madrid-galacticos-historia-titulos>. Acesso em: 12 jul. 2023.

3 "Relação entre dividendos e a perda de capital durante o subprime: Um estudo sobre o papel defensivo das empresas que pagam bons dividendos". *LUME*, 2012. Disponível em: <https://www.lume.ufrgs.br/handle/10183/78339>. Acesso em: 12 jul. 2023.

4 "Caos do setor elétrico já custou mais de 110 bilhões em quatro anos". *Gazeta do Povo*, 19 ago. 2016. Disponível em: <https://www.gazetadopovo.com.br/economia/energia-e-sustentabilidade/caos-do-setor-eletrico-ja-custou-mais-de-r-110-bilhoes-em-quatro-anos-en3kmuzuyr4jv2313kw255j6e/>. Acesso em: 12 jul. 2023.

5 "Apple CEO Steve Jobs at D8: The Full, Uncut Interview", 7 jun. 2010. Disponível em: <https://allthingsd.com/20100607/steve-jobs-at-d8-the-full-uncut-interview/>. Acesso em: 12 jul. 2023.

6 "As frases mais célebres de Warren Buffett em seus 85 anos de vida". InfoMoney, 28 ago. 2015. Disponível em: <https://www.infomoney.com.br/mercados/as-frases-mais-celebres-de-warren-buffett-em-seus-85-anos-de-vida/>. Acesso em: 12 jul. 2023.

4. VALE A PENA O RISCO? [pp. 72-92]

1 "Natura (NTCO3): lucro cresce puxado por Avon, mas guerra na Ucrânia pode afetar resultados". Agência TradMap. Disponível em: <https://trademap.com.br/agencia/mercados/natura-ntco3-lucro-cresce-puxado-por-avon-mas-guerra-na-ucrania-pode-afetar-resultados#:~:text=A%20Natura%20indicou%20no%20comunicado,2021%20veio%20dos%20dois%20pa%-C3%ADses>. Acesso em: 12 jul. 2023.

2 "Natura acerta venda da Aesop para L'Oréal". *O Globo*, 3 maio 2023. Disponível em: <https://valor.globo.com/empresas/noticia/2023/04/03/natura-andco-vende-aesop-para-a-loreal-por-us-25-bilhoes.ghtml>. Acesso em: 12 jul. 2023.

3 Disponível em: <https://www.berkshirehathaway.com/letters/2017ltr.pdf>. Acesso em: 12 jul. 2023.

4 "PT foge de polêmica com Forças Armadas e aborta pedido para debater papel de militares". *Estadão*, 1º abr. 2021. Disponível em: <https://economia.estadao.com.br/noticias/geral,com-pandemia-varejo-elimina-75-2-mil-lojas,70003631594>. Acesso em: 12 jul. 2023.

NOTAS

5 "Uma pitada te acorda, demais destrói os sentidos". *Valor Investe*. Disponível em: <https://valorinveste.globo.com/analises-spiti/relatorio/uma-pitada-te-acorda-demais-destroi-os-sentidos.ghtml>. Acesso em: 12 jul. 2023.

6 "Depois de indícios de fraude, IRB tenta ressurgir das cinzas". *Estadão*, 17 jul. 2022. Disponível em: <https://economia.estadao.com.br/noticias/negocios, irb-bolsa-investimento,70004116937>. Acesso em: 12 jul. 2023.

7 "Relembre a trajetória da OGX, da fundação à recuperação judicial". InfoMoney, 30 out. 2023. Disponível em: <https://www.infomoney.com.br/merca dos/relembre-a-trajetoria-da-ogx-da-fundacao-a-recuperacao-judicial>. Acesso em: 12 jul. 2023.

8 Uma matéria da *IstoÉ Dinheiro*, de 2016, se referindo ao episódio da OGX, dizia: "O mercado, como a economia, voltou ao passado. Mas nem todos topam brincar nessa Las Vegas brasileira".

9 "Entre 2017 e 2021, 9,6 milhões de pessoas entraram na linha de pobreza no Brasil, diz FGV". *CNN Brasil*, 29 jun. 2022. Disponível em: <https://www. cnnbrasil.com.br/business/entre-2019-e-2021-96-milhoes-de-pessoas-entraram-na-linha-de-pobreza-no-brasil-indica-fgv-social/#:~:text=Entre %202019%20e%202021%2C%20per%C3%ADodo,do%20pa% C3%ADs%20%C3%A9%20considerada%20pobre>. Acesso em: 13 jul. 2023.

5. CUIDADO COM AS ARMADILHAS — O MERCADO É UMA HISTÓRIA BEM CONTADA [pp. 93-107]

1 "Brazil Takes Off". *The Economist*, 12 nov. 2019. Disponível em: <https:// www.economist.com/leaders/2009/11/12/brazil-takes-off>. Acesso em: 13 jul. 2023.

2 "Has Brazil Blonwn It?". *The Economist*, 27 set. 2013. Disponível em: <https:// www.economist.com/leaders/2013/09/27/has-brazil-blown-it>. Acesso em: 13 jul. 2023.

3 "Amazon Brasil? Por que Magalu comprou site de tecnologia e startup de dados". TiltUOL 8 ago. 2023. Disponível em: <https://www.uol.com.br/tilt/noticias/ redacao/2020/08/08/amazon-nacional-por-que-magalu-comprou-site-de-noticias-e-startup-de-dados.htm>; <https://www.infomoney.com.br/negocios/ magazine-luiza-mira-amazon-com-aquisicoes/>; <https://ecommercedesuces so.com.br/magazine-luiza-estilo-alibaba-amazon/>. Acesso em: 13 jul. 2023.

4 "Euforia e medo de perder a oportunidade atrapalha investidores, diz Howard Marks". *Valor Investe*, 17 jul. 2020. Disponível em: <https://valorinveste. globo.com/objetivo/hora-de-investir/noticia/2020/07/17/euforia-e-medo-de-perder-a-oportunidade-atrapalha-investidores-diz-howard-marks.ghtml>. Acesso em: 13 jul. 2023.

SEM MEDO DE INVESTIR EM AÇÕES

5 "Retrospectiva 2021: Veja quais foram os IPOS realizados neste ano". *Estadão*, 24 dez. 2021. Disponível em: <https://einvestidor.estadao.com.br/mercado/retrospectiva-ipos-2021/>. Acesso em: 13 jul. 2023.

6 "Why the Web Won't Be Nirvana". *Newsweek*, 26 fev. 1995. Disponível em: <https://www.newsweek.com/clifford-stoll-why-web-wont-be-nirvana-185306>. Acesso em: 13 jul. 2023.

7 "Fear of the Unknown: Familiarity and Economic Decisions". *Review of Finance*, 13 nov. 2009. Disponível em: <https://www-2.rotman.utoronto.ca/facbios/file/familiarity_RoF.pdf>. Acesso em: 13 jul. 2023.

8 "'Não sei.' Soros, Stuhlberger e a humildade num mundo de juros negativos". *Brazil Journal*, 4 out. 2019. Disponível em: <https://braziljournal.com/soros-stuhlberger-e-a-humildade-num-mundo-de-juros-negativos/>. Acesso em: 13 jul. 2023.

7. INVESTINDO NO EXTERIOR E EM OPERAÇÕES MAIS COMPLEXAS [pp. 126-45]

1 "Para chegar a 1 milhão de investidores, Bolsa fez campanha até na praia". UOL, 9 maio 2019. Disponível em: <https://economia.uol.com.br/cotacoes/noticias/redacao/2019/05/09/bolsa-alcanca-1-milhao-de-investidores-pessoas-fisicas.htm>. Acesso em: 13 jul. 2023.

2 Disponível em: <https://www.ibge.gov.br/apps/populacao/projecao/box_popclock.php>. Acesso em: 13 jul. 2023.

3 "What Percentage of Americans Own Stock?". Gallup, 24 maio 2023. Disponível em: <https://news.gallup.com/poll/266807/percentage-americans-owns-stock.aspx>. Acesso em: 13 jul. 2023.

4 Disponível em: <https://statistics.world-exchanges.org/>. Acesso em: 13 jul. 2023.

5 Idem.

6 "Mina brasileira iniciará produção de lítio em 2023 visando maior demanda". *Folha de S.Paulo*, 5 dez. 2022. Disponível em: <https://www1.folha.uol.com.br/mercado/2022/12/mina-brasileira-iniciara-producao-de-litio-em-2023-visando-maior-demanda.shtml>. Acesso em: 13 jul. 2023.

7 "Carta do Gestor nº 1 – Renda Variável – Terceiro Trimestre de 2022". Ace Capital, set. 2022. Disponível em: <https://acecapital.com.br/wp-content/uploads/Carta-Setembro-2022-Ace-Capital-Absoluto.pdf>. Acesso em: 13 jul. 2023.

8 "Muito além da Tesla: Sigma investe em lítio no Brasil e ações sobem 240% no ano". Invest News, 13 dez. 2022. Disponível em: <https://investnews.com.

NOTAS

br/negocios/muito-alem-da-tesla-sigma-investe-em-litio-no-brasil-e-acoes-sobem-240-no-ano/>. Acesso em: 13 jul. 2023.

9   "AstraZeneca-28 Year Dividend History". *Macrotrends*. Disponível em: <https://www.macrotrends.net/stocks/charts/AZN/astrazeneca/dividend-yield-history>. Acesso em: 13 jul. 2023.

10 "Principles for Global Diversification". JPMorgan. Disponível em: <https://am.jpmorgan.com/br/en/asset-management/adv/insights/investing-princi ples/>. Acesso em: 13 jul. 2023.

11 Em setembro de 2012, a presidente Dilma Rousseff assinou a MP 579, que determinava a redução das tarifas de fornecimento de energia elétrica, o que fez com que as ações das empresas do setor despencassem. "Crise do setor elétrico criada por Dilma já custou 105 bilhões de reais, mais do que o quádruplo do apagão de 2001". *Veja*, 31 jul. 2020. Disponível em: <https://veja.abril.com.br/coluna/reinaldo/crise-do-setor-eletrico-criada-por-dilma-ja-custou-r-105-bilhoes-mais-do-que-o-quadruplo-do-apagao-de-2001/>. Acesso em: 13 jul. 2023.

CONCLUSÃO [pp. 147-52]

1   "Número de investidores na Bolsa cresce 15% em 2022 apostando na diversificação". *CNN Brasil*, 13 fev. 2023. Disponível em: <https://www.cnnbrasil.com.br/business/numero-de-investidores-na-bolsa-cresce-15-em-2022-apostando-na-diversificacao/#:~:text=Entre%20julho%20de%202021%20e,em%20renda%20fixa%20e%20vari%C3%A1vel>. Acesso em: 13 jul. 2023.

2   "A história não contada da educação financeira no Brasil". Disponível em: <https://www.boavistaservicos.com.br/wp-content/uploads/2014/08/A-hist%C3%B3ria-n%C3%A3o-contada-da-educa%C3%A7%C3%A3o-finan ceira-no-Brasil.pdf>. Acesso em: 13 jul. 2023.

3   Disponível em: <https://crcgo.org.br/novo/?p=9580#:~:text=A%20taxa%20m%C3%A9dia%20de%20educa%C3%A7%C3%A3o,pelos%20ho mens%20e%20pelas%20mulheres>. Acesso em: 13 jul. 2023.

4   "Apenas 21% dos brasileiros tiveram educação financeira na infância". *Exame*, 27 abr. 2020. Disponível em: <https://exame.com/invest/minhas-financas/apenas-21-dos-brasileiros-tiveram-educacao-financeira-na-infancia/>. Acesso em: 13 jul. 2023.

TIPOLOGIA Miller e Akzidenz
DIAGRAMAÇÃO Osmane Garcia Filho
PAPEL Pólen Bold, Suzano S.A.
IMPRESSÃO Gráfica Bartira, setembro de 2023

A marca FSC® é a garantia de que a madeira utilizada na fabricação do papel deste livro provém de florestas que foram gerenciadas de maneira ambientalmente correta, socialmente justa e economicamente viável, além de outras fontes de origem controlada.